一 本 有 灵 魂 的 作 文 书

北大附中
生活作文课

史笑菲 著

江苏凤凰文艺出版社
JIANGSU PHOENIX LITERATURE AND
ART PUBLISHING

图书在版编目（CIP）数据

北大附中生活作文课 / 史笑菲著. -- 南京 : 江苏凤凰文艺出版社, 2024.1
ISBN 978-7-5594-8250-1

Ⅰ. ①北… Ⅱ. ①史… Ⅲ. ①作文课—中学—教学参考资料 Ⅳ. ①G634.343

中国国家版本馆CIP数据核字（2024）第002444号

北大附中生活作文课

史笑菲　著

责任编辑　朱智贤
责任印制　刘　巍
版式设计　戴欣雪
封面设计　尚书堂
出版发行　江苏凤凰文艺出版社
　　　　　南京市中央路165号，邮编：210009
网　　址　http://www.jswenyi.com
印　　刷　三河市祥达印刷包装有限公司
开　　本　710mm × 1000mm 1/16
印　　张　17.5
字　　数　250千字
版　　次　2024年1月第1版
印　　次　2024年1月第1次印刷
书　　号　ISBN 978-7-5594-8250-1
定　　价　45.00元

感谢北大附中一直让我做自己!

序言

漆永祥　全国大学语文研究会副会长
北京大学中国语言文学系教授

我跟北大附中结缘，也有十几年的光景了。初期是高考阅卷，后来参与附中的高中语文教学改革，再后来成了高中生的家长，自然关注更多一些。尽管如此，我和附中初中部的师生，却几乎没有接触，与教初中语文的史老师，可能有过多次的“擦衣缘”，却没有打过招呼，更没有一起聊过对中学生作文的看法。现在看到这本《北大附中生活作文课》书稿，却感到非常亲切而有趣，有似曾相识的感觉，因为史老师的作文教学理念与方式，和我多年来的主张基本相同，甚至可以说是出奇一致。

我没有一线教学的经验，只是凭自己多年来写作的教训，以及参与中学语文教学与高考阅卷的体会，给中学生作文写作总结了四个“三”，即“三说三写”与“三会三有”：说真话、说实话、说“人话”；写生活、写现实、写自己；会观察、会思考、会表达；有兴趣、有情怀、有理想。史老师书前《给孩子的一封信》，要求“学会好好说话，就学会了真实的表达；懂得真实表达，就懂得了直面生活；做到了直面生活，就做到了成为自己”。又在平素的教学中，“重点在于引导学生关注生活、乐于表达；理解写作作为一种表达形式，其意义不仅在于应对考试，更重要的是一种生活的需要”。这与我所谈的几点是完全吻合的！

全书七篇，分别为观察、体验、感悟、学校、自然、情思与拓展。由易至难，由浅入深，虚与实结合，文与评搭配，层层推进，环环相扣，又紧贴课文，同比跟进。阅读全书，没有“作文指南”“作文八法”之类的“匠气”与说教味，尤其是没有古今中外或流行、或生僻的各种云山雾罩、玄乎其玄的观念理论充塞其中。全书中每一个题目与个案，都有着极强的针对性与实操性。各篇之间过渡自然，衔接丝滑，这也是我非常欣赏的。

我经常在跟中学老师商讨到底要给孩子们阅读哪些范文时，也谈到不要动不动就推荐韩愈、柳宗元、鲁迅、巴金，或者但丁、塞万提斯、莎士比亚、歌德，因为这些大文豪离学生太远，目标又过高，学生攀不起、够不着，很容易随手放弃。我常说可以用报刊上发表的一般文章，甚至虽发表了但仍有毛病的作品，或者学生的习作，让他们挑毛病、找不足，既学写作，又提升自信。而我惊喜地发现，史老师在本书中所用范文，几乎全是她指导过的学生的习作，这和我的想法又不谋而合。我想，读她书的学生在欣赏到师兄师姐的作品时，不仅会提升作文写作能力，还会因文脉一贯而受到激励。

我平常反复要求孩子们写生活、写现实、写自己，可我们在中、高考作文中，却几乎看不到考生自己的影子，无不在讲述遥远的“故事”，这是我最感痛惜的。但史老师的书中，孩子们可以欢悦无忌地写自己的校园、同桌、老师与家人，写亲身感受到的生活百态与社会现实。在史老师的课堂上，孩子们被给予了毫无保留的信任，写作者占据了主导地位，无论大主题，还是小素材，千姿百态，随性挥洒，真正体现了“写作是一种生活方式”，“只有发自孩子内心的声音，才具有撼人的力量”。我甚至有点羡慕史老师的学生，因为这样的老师和这样的课堂，是不多见的。

大约二十年以前，我就提倡“大语文”的理念，所谓“大语文”不是要学多少课文、掌握多少知识，而是主张语文学习不仅要在课堂内进行，更要在课堂外观察、体悟与思考。只是近些年来，“大语文”概念被炒滥，我也就不好意思再提。史老师本书“从引领学生在日常生活中学会观察、体验和感悟开始，到启发学生多角度、更深入地品味学校生活，再到亲近大自然、将亲身实践、阅读体会和探究思考相结合，而后进阶到对他人、社会和国家的关注和理解，以及通过写作攻克语文学习中其他难点问题”。这同我所讲的“大语文”理念，也是相切合的。

史老师不仅是在教作文，而且还在课堂上担起了一份“教做人”的重任，这也是语文人与语文课固有的特质。本书中，具体表现有以下五点：首先，尊重不同学生的不同体验，提倡写出个性与不同，不是千篇一律，而是千人千面；其次，她特别重视“学校”的作用，强调学校、教师、学生与家长间的共情互动；再次，史老师所讲的“自然”，不仅仅是春夏秋冬的季节变换，也不仅仅是动物与人的亲密接触，而是在这种变幻互动中的反思与共情，正如学生习作所讲是“源于自然”“融于自然”；第四，史老师所讲的“情思”，就是力争把每个孩子教好了，因为“每个孩子背后都有个家庭，我们把孩子教好了，他们的家庭就安稳了；每个家庭都安稳了，我们就为和谐社会做出了贡献”；第五，最后，她更是在“拓展”部分，走出作文范畴，谈到中学生“三怕”（一怕写作文，二怕周树人，三怕文言文），以及解决“三怕”的方法，引导孩子们“发现作品的美妙，不仅能让孩子们因为了解而不再害怕，还能让学生在写作上有更为新奇而个性的尝试。只要我们给孩子的舞台足够大，他们就能用想象力舞出最美的舞蹈”。这些理念与实践，往小里说是教作文写作，往大里说则关涉育人，也交涉家国社会与民族未来，真是操碎了心的“史奶奶”呐！

史老师在本书最后，还郑重地谈到四个“重要”，我给她总结成“十六字令”，即快乐成长、直面生活、个性独特、爱上作文。这说起来特别容易，但做起来极其不易，不仅需要师生的努力，还需要全社会共同扶护与支撑，给孩子们创造良好的成长空间。

我曾给史老师提过一个小小的建议：可否向已经毕业甚至参加工作的老学生们发个召回令，结合他们后来的学习、工作与生活，谈谈当年作文课所起的直接或间接的作用——成功的经验，乃至些微的教训，当年栽了什么树，如今结了什么果。史老师对我这个小小的建议，不仅接受而且非常重视，于是，她又给毕业生们布置了一次作业。有趣的是，这既是史老师和我之间的一次互动，也是她和她的学生多年后的又一次互动，于是形成了全书结尾部分“毕业生的话”。从这些老学生的话里可以看出，他们不仅“感谢师恩影响长”，而且从切身感受谈到写作需要“从心出发”“写自己想写的”，写作“是透光的出口”，具有“无限可能”……当年师生合力栽种的小小树苗，已经枝繁叶茂、果实累累。作为一名辛勤的园丁，还有什么比看到这样的互动更令人欣慰、自豪与骄傲的！

目录

第二篇 体验

第五篇 自然

第六篇
情思

第七篇
拓展

给孩子的一封信

2023年北京市中考语文作文有两道题目供学生二选一——《我读到的北京》和《我生活中的一棵树》。当天下午，我收到考生的微信："老师，我发现今年的中考作文题，都是咱们写过的……"仔细一想，还真是这样。

初中三年的日常随笔加上命题习作，我们的写作课基本能够将家国情怀、地域文化、个人成长和想象写作这几个中考考查方向全面覆盖。也正因为如此，我们的学生在中考中总能气定神闲地写出佳作来。

和一些作文课侧重于写作技法、谋篇策略的训练不同，我们的作文课的重点在于引导学生关注生活、乐于表达；理解写作作为一种表达形式，其意义不仅在于应对考试，更重要的是一种生活的需要。

我深知要在潜移默化中让孩子们明白：语文的外延与生活相等：生活有多丰富，语文学习就有多精彩；我们有多热爱生活，在语文学习中就能收获多少快乐。

作文课，是语文学习的主要内容，在孩子们的学习和生活中有重要的意义。学会好好说话，就学会了真实的表达；懂得真实表达，就懂得了直面生活；做到了直面生活，就做到了成为自己。

也正是出于这种教学目的，这本书的内容突破了以往“字—词—句—段—篇”的层进形式，也没有按照教材内容的体例安排；而是将作者多年积累下来的真实的教学案例，按照初中学生心智成长的阶段性特点，进行挑选、整合、排列，在提供学习简案的同时，通过讲述与每堂课相关的背景故事，尽可能全面呈现出老师教学、学生写作的全貌。让不同身份的读者——学生、家长、老师等等，都能一起感受写作之美。

本书从引领学生在日常生活中学会观察、体验和感悟开始，到启发学生多角度、更深入地品味学校生活，再到亲近大自然，将亲身实践、阅读体会和探究思考相结合，而后进阶到对他人、社会和国家的关注和理解，以及通过写作攻克语文学习中其他难点问题，讲述了三十多个作文学习方案的设计和实施。

这些作文练习散布在初中三年的语文学习中，有的是常规教学中的既有设定，有的是顺应情境的即时设计，所有的课程内容都明确指向同一个目标——让写作成为每个孩子的热爱，而这份热爱足以让他们在今后的学习和生活中，应对各种“考验”。

观察，指的是人通过感觉器官主动获取信息的能力。善于观察，是写作的最基本要求。那些觉得作文无从下手的孩子，并不是缺少写作的素材，而是对于生活中的各种事情“观”不到、“察”不清。生活在他们眼中一片混沌，平淡无味。单纯告诉学生要调动五感，并不能完全教会学生写作，作为老师，要在教学中引领学生有目标、有方向地进行观察，才能促进观察能力的提升。

有时候，人之所以会觉得生活平常无奇，是因为自己忘了去发现美好和惊喜。

和很多成年人一样，我在工作或者生活中遇到困难，被压力压得喘不上气来的时候，也常常会忽略了窗外的花开鸟鸣，甚至感觉不到天气的变化。幸运的是，无论什么时候，当我走进教室，总能被孩子们的蓬勃朝气所感染，变得敏锐起来。

孩子们的生活自然而然地充满着生机、趣味，他们的成长，其实是自己最好的写作素材，只需要观察得更细致一些，就能有无穷的发现。

观察，再观察。不需要太多的限制或要求，只要给孩子们充分的鼓励和期待，请他们将自己最真实的体验写下来，就已经将生活写作的钥匙交到了孩子们手上。

素质教育就是要让每颗种子在被爱呵护和受到尊重的宽松环境中尽情生长，长成它本来该有的样子。

生活有多丰富，语文学习就有多精彩；我们有多热爱生活，在语文学习中就能收获多少快乐。在精彩快乐的学习过程中，学生的语言运用和思维能力不断提升，进而增强了审美创造力和文化自信力。

一、关注日常，发现生活点滴

学习简案	
课型	经典阅读后的延伸写作训练
学习重点	通过对经典篇目的学习，获得写作手法上的技巧，学会对日常生活的细致观察，理解写作素材无处不在
实施要点	仔细品味经典作品中的描写片段后，有目标地进行生活观察，发现素材所在
成果亮点	日常生活中的平凡瞬间，在真实的描写中展现出感人的力量

在我们的教材中，有很多经典的课文。我们年少天真时，未必能读出其中的滋味；有朝一日长大成人，突然想起其中的只言片语，方能一瞬间被戳中内心最柔软的地方，理解其中深意。朱自清先生的

《背影》，就是这样的不朽之作。

随着年龄的增长，我渐渐读懂了朱自清复杂的内心活动和丰富情感。曾经的月台送别，之所以成为永恒，恰恰因为年少的他虽然对父亲的言行有着细致的观察，虽没有在那时那地体会到父亲深切的爱，却因当初的观察，记住了父亲的一言一行，一举一动。时过境迁，当他动笔向被生活所累的父亲表达思念的时候，文中没有一句“对不起，我爱你”，但字里行间都在表达着这样一份作为儿女的歉意和深情。

基于这样的理解，我将《背影》一文的教学重点，放在引导学生体会作者如何在回忆中通过细致的描写表达出复杂的情感上。反复阅读中，我和学生们一起品味出朱自清在茫茫人群中注视着父亲攀爬月台的一瞬，在我一个个提问的引导下，学生们意识到父亲不再年轻，生活充满艰辛。总结的时候，我追问：“当时在月台上，作者流了泪，那么他对父亲深切的爱有清晰的认识吗？”学生讨论后得出结论——当时的朱自清，虽然感到心酸，但他对父亲的理解更多的是在写作时候才意识到的。

我抓住这个契机，又提出一个问题：“在你的生活中，是否也会出现爸爸妈妈忙碌的身影？请在接下来的一周内，留心观察一下爸爸妈妈的言行。到周末的时候，写个随笔片段，表达出对亲情的理解。”

在阅读收上来的文章时，我感受了他们小小心灵中的美好和温暖。

当然，有的孩子只写了爸爸妈妈做早晚饭、开车接送的日常，有的写出了味道，有的平淡无奇。能不能写出“独特性”不重要，因为我相信绝大多数孩子的生活就是平淡无奇的，从某种意义上讲，这些孩子很幸运。平淡的生活最值得珍惜和理解，这恰恰是本次写作的目标指向——通过观察，发现日常生活中的亲情，理解之、记录之，已是成功。

我希望我的孩子们能够明白，父母亲人对自己的关爱，就在日常生活的点滴细节中。当你用心去观察，会发现他们虽然并不完美，但他们已经在尽己所能地爱着你了。对这份爱的觉察，其实本身是一种感恩的方式。我想让孩子们明白，当亲情成为写作的话题，既不需要把父母家人写成呕心沥血、辛苦操劳的道德偶像，也不需要总是选择雨中送伞、病中照顾等偶然事件；我们需要做的，就是去感受生活中的爱，这样，以后才能在生活中去回报爱。

令我惊喜的是，有的孩子告诉我：为了完成作业自己才去观察父母或其他亲人，在这个过程中被触动，有所感而有所思。我想，这也是教育的意义吧。

习作一

每天晚上，母亲都会在书房中自己学英语，她学习时的背影给我留下了深刻的印象。每当我从繁重的课业中暂时脱身，转过头时，都能看到披着一头长发，身体微微前倾的她听着音频，做着笔记。我的母亲早已不用参加任何考试，早已没有学习的必要了。但她仍然为了能够去看望将要出国留学的我而努力学习英语，这让我十分感动，为自己想要偷懒的心情感到自责。于是我收起想要玩乐的心，乖乖地把所有作业完成。

2022届8班　汪科宇

点评一

这段描写体现出小作者对母亲的细致观察，剪影式的描写和由此引发的思考，恰到好处地体现出选材与抒情的完美结合。

习作二

我的哥哥范珈畅，从出生我就和他在一起，之后大部分时间我俩也是形影不离，看到他的背影使我回想起以前我俩的喜、怒、哀、乐。

一张桌子，一盏灯，一些书本和一个笔袋，这些摆设就像从前小学时的样子。哥哥在桌前的背影我看了不知多少遍，今天再次细致地观察，我仍心有触动。我们曾为了一些小事打架，也因一起偷懒而被妈妈骂，还一起踢足球并为球队的好成绩出了一份力而受到表扬。虽然有时我们不和，但还是有个哥哥好！

2022届8班　范珈通

点评二

对于双胞胎弟弟来说，看哥哥的身影是否就像自己照镜子一样习以为常？因为有了这次写作的契机，弟弟看到了平时经常见，又常常“视而不见”的哥哥的背影并有所触动。这就是作文课能带给孩子的额外收获。

习作三

一个寒凉的夜晚。风吹着大树，树叶不断地向下落去，树枝时时被折断。风也不断地吹着我的脸，就像是一把把小刀在我的脸上划过。

父亲下车，把车锁好，看到像一株草一样在风中瑟瑟发抖的我，问道：“冷吗？“冷。”我说。“那就走在我的后面吧！”他说。“哦！”我回应了一句。刚刚在车上，父亲和我因为我的成绩吵了一架。下车后，虽然他语气很冷淡，但我知道他还是关心我的。

父亲的背，宽大但有一点点佝偻，前面的风被他挡住了，我们就这样，不断地向前走去……

2022届8班　崔皓哲

点评三

这几句对话，特别真实。崔同学每次和我交流的时候，也只是用一两个字回应我。之前我以为他的情绪少有波动，这次看到这段文字，我知道爱的暖风吹进了他心里。

习作四

我印象最深的是爸爸和我打羽毛球时转身捡球的背影。那一刻，我发现他已经有些驼背，多次受伤的腰也显得有些僵硬。爸爸双腿分开，快速将地上的羽毛球捡起来。他头上出了一层细汗，并不十分茂密的青丝中隐藏着几根白发。小时候，我也和他打过羽毛球。如今，他姿势还是依旧，动作却已不同——跑动不如以前快了，打球时也出现更多失误。这时，我才发现，爸爸已没有那么年轻了，但仍每周陪我打球。我感受到了爸爸默默的爱和付出，不禁为这不动声色的父爱感动，心中充满感激之情。

2022届2班　贺梓钊

点评四

父亲转身捡球的一瞬间，在孩子看来是如此细腻而深情。这段描写，不仅有细致入微的观察，也有发自内心的感激。

习作五

在学习累了的时候，我总会到爸爸的卧室转转。每次一推开门，爸爸总在认真地工作，表情十分严肃，像一个守卫边关的战士一般。但只要一看见我，爸爸便立马像川剧变脸一般，对我露出亲切的笑容。我时常被爸爸认真工作的背影与对我的爱所打动。

偶尔，爸爸也会在周末看一些综艺节目，虽然隔着两扇门，但爸爸洪钟般的笑声依然清晰。有时我推开门，爸爸就会手忙脚乱地将视频关闭，摆出若无其事的样子问我有什么事，那副有趣的表情令人忍俊不禁。

2022届8班　孙一冉

点评五

这个片段的精彩在于不仅生动刻画了一向严格的父亲有趣的一面，还表现出了写作者本身的性格。一对父子的身影跃然纸上。

习作六

父亲难得回家一次，过了年又要出国工作了。

妈妈要我下楼送送他。他这一出国就是半年，行李箱大得可以塞下两个我，小半箱都装着给没能回家的同事带的日用杂品。我埋怨他是个老好人，不懂得拒绝，他却笑而不语。

因为常年不见的缘故，我也不像别人家的女儿那般与父亲亲近。一路上相对无言，等车的时候他有一搭没一搭地和我说着话，无非是让我听妈妈的话，“别气她”此类的，我含糊不清地答应着。

出租车很快就来了，司机很友善。父亲似乎并不想走，他反复和我叮咛着那些话，还向我伸出双手，想拥抱我。我虽然有点扭捏，但还是凑了上去。父亲不算太高，刚长出来的胡楂刮着我的头发。微硬的胡楂蹭了蹭我的脸，我突然舍不得他了，又不好意思表达出来，只好问他下次什么时候回来。他笑着打趣我说，他还没走我就想着他回来，然后摆了摆手钻进了车里。司机没再给我们时间，立刻启动了车子。

“一定要听妈妈的话……”声音渐渐微弱，我在路口站了很久，直到再也看不见明黄的车。

真奇怪，为什么他刚走我就开始想他了呢？

2022届8班　王兮若

点评六

这段文字的过人之处在于其中的心理活动描写。女儿和不常在家的父亲之间的亲昵与疏离、不舍与害羞，产生了一种强大的情感张力，让人感同身受。

习作七

一个阳光明媚的下午，我懒洋洋地靠在老板椅上，悠闲地刷着短视频。

忽然一股浓郁的“84”消毒水的味道扑面而来。“崔华宸！”一声河东狮吼，刺入我的耳膜。只见妈妈一手拿着拖布，一手叉着腰，瞪着原本美丽温柔的眼睛，板着脸站在我面前。

“你怎么又一边写作业一边看手机？”面对妈妈的指责，我烦躁地回了一句，“我写累了，看会儿手机不行吗？我又没一直看。”妈妈双眼猛地瞪大，呼吸声变得沉重。我有些理亏，偷瞄着妈妈的脸。妈妈深吸一口气，努力平复了一下情绪，随之就是一番老生常谈的大道理。我一脸不耐烦地打断妈妈的说教。“行，我知道你这是为了我好，不能打破你对我的信任。以后我一定认真写作业，不偷看手机，保证次次得5+，让你在家长群里有面子，可以了吗？”妈妈的脸由红转青，脸上的线条痛苦地扭曲着，一双眼睛直直地盯着我。我被愤怒冲昏了头脑，毫不犹豫地瞪了回去。

妈妈的嘴唇抖动着，半天没有说出一句话。周围的空气瞬间凝固了。片刻之后，妈妈无奈地转过身，在原地站了几秒，低下头，发出了长长的一声叹息。她挺直的双肩垂了下去，甚至有些颤抖，原本就有些驼的后背，此刻显得愈发弯曲。披散着的头发好像失去了光泽，每根发丝仿佛都在诉说她的伤心与失望。妈妈缓慢地走向门口，每一步好似千斤重，拖鞋与地面摩擦的声音在寂静的午后格外刺耳。我突然发现，妈妈老了，妈妈的背影没有了年轻时的轻盈与挺拔，看起来那样瘦弱。我注视着她，她缓缓地走出房间，轻轻地关门，消失在我的视线当中。

那一刻，我心中的悔恨堵到嗓子眼儿。我哭不出声，眼泪却忍不住流了下来。我居然伤害了那个最爱我的人。她为我从青丝熬成了白发，不再年轻的容颜和略显疲态的背影，是爱的见证。妈妈用温暖和爱陪伴我长大，而我却只因为她的一句批评，顶撞她，让她失望、伤心。内疚与歉意，涌上心头，我再也忍不住，打开房门，从后面紧紧抱住了妈妈，“妈妈，对不起，我错了……”

2022届2班　崔华宸

点评七

冲突、沉默、反思、和解……这篇文章冲突感很强，使得母亲的形象格外清晰，突显了妈妈严厉行为背后脆弱柔软的内心。

二、依托节点，走出写作套路

学习简案

课型	依托生活中的节点，借助仪式感激发学生思考生活的随笔练习
学习重点	抓住与家人有关的节日等时间节点，用某种“仪式感”为有趣的触发点，激发学生写作兴趣，并在写作中体会到亲情的可贵和生活的温暖
实施要点	生动描绘教师自己的生活片段，引起学生的共鸣，进而激发写作热情和真实表达的愿望
成果亮点	突破以往命题作文中拘谨的选材，更真实地描写生活，表达情感

“妈妈”可能是很多孩子作文中经常出现的人物。但很多时候，作文中的妈妈几乎千篇一律——努力地工作着，点灯熬夜；无私地奉献着，下雨送伞、生病送医；为家庭付出一切，不善打扮自己，每天

做着早饭；对孩子包容理解、鼓励陪伴，甚至随口说出的话都是能当作文标题的人生哲理……工作多年以后，我逐渐发现，到了初中阶段，随着对家长依赖的减轻和学习压力的增加，很多孩子对父母的关注会变少，甚至除了吃饭和学业，几乎没有交流。正因如此，在作文里，妈妈变成了套路化的人。如何突破这样的困境，我苦苦思索，但一直没有什么灵感。

一次和儿子的互动启发了我。我36岁的时候，才终于做了妈妈，有了儿子瑞宝。他总问我，他的名字是怎么来的。我则总是一本正经地说："因为你是冬天生的。瑞雪兆丰年嘛！"其实呢，这个名字和"狗蛋"一类的传统取名思路一样：《武林外传》里李大嘴有一把神奇的菜刀，一面写着"旺德福"，一面写着"泰瑞宝"，我就这样像开个玩笑似的，给儿子取名叫作"瑞宝"（以前还想过，如果有老二，就叫"德福"）。不管名字怎么来的，我是一直把他当宝的。但瑞宝上幼儿园中班那年，"三八"妇女节快到了，他在幼儿园画了一幅我的画像，老师还帮他给我写了"评语"——我妈妈特别圆，就像个球，很好玩！这是我没想到的，我把他当宝，他居然把我当成"球"。

这件事给了我灵感——妇女节、母亲节，在这些与妈妈相关的节日里，为妈妈写篇文章作为礼物，既能促使学生跳出以往命题作文的束缚、回到生活中去观察真实的妈妈，又能因其固有的仪式感而产生足够的写作兴趣。当然，我也很想去了解，在学生眼中，他们的妈妈是什么样的。我既想了解有没有像我和瑞宝一样有意思的母子关系，也想向其他妈妈们学习怎样做妈妈。

妇女节那天的语文课上，我把瑞宝给我画的画像展示给孩子们看，讲了"球"的比喻和我的感受。学生听了这个比喻，拍着桌子哈哈大笑。我在自嘲与骄傲中，把瑞宝和我之间的对谈讲给孩子们听，然后说："今天是劳动妇女节啊！你们的妈妈也在为你们而辛苦劳动着呐！各位，今天的作业就是写一篇文章，题目叫《我的妈妈是

____》。注意啊，评价标准是‘独特而新颖’，要求一眼就能看出是谁的妈妈来！这算咱送给妈妈的节日礼物哦！”

可能因为有瑞宝的“前情提要”，与以往要求写妈妈时的一片沉默不同，教室里沸腾起来……

有学生回家跟妈妈说：因为瑞宝弟弟说史老师是个球，我又得写您了！

结果，我看到孩子们真诚而勇敢的描写——要么为原来“与众不同”的妈不只我一个而暗喜；要么为家长的奔波操劳而心疼；要么为孩子们的坦诚直率而感动；要么为家长的可爱细腻而偷笑。

这样的一次写作，表面看起来是由一个玩笑引发的，但实际上我更想分享的是在生活中如何捕捉一闪而过的“灵感”。这种灵感不仅可能来自老师，更可能来自孩子们的日常生活：同学间机智而风趣的对话，妈妈爸爸用心制造的惊喜，甚至路边慢慢走过的小猫，天上飘过的爱心形状的云彩。

只要能看见、体味，就会被生活打动。

我的妈妈是一个幼稚的哲学家

2019届3班　黄佳琪

我妈是一个令人琢磨不透的人，她这一秒会像小孩儿一样和你处于同一“频道”，聊得不亦乐乎，下一秒就会怒气冲冲，用哲学家的语气同你讲人生大道理，绕来绕去。好吧，我确实有一个十分神奇的妈妈！

我妈很喜欢看动画片，她说她最喜欢看《熊出没》，在我五六年级的时候，我们经常“相约”在电视机前；我妈还很喜欢看书，小学时，每个学期她都会看几本我们老师推荐的书，那时我并不喜欢看书，她总是放下脚步，把我这个掉队的“小弟”拉进读书的队伍中去；我妈也喜欢追星，那些娱乐新闻她比我知道得还多；她还喜欢看综艺，在我家，几乎每个周五的晚上你都会看到两个坐在电视前开怀大笑的“女孩子”……

我妈的兴趣爱好很多很多，有的不像一个四十多岁职业女性会有的爱好，她确实很幼稚，像一个还处于青春期的女孩儿。仔细想想，我成长的点点滴滴中都有这个“女孩儿”，我在长大，她也似乎在成长，但我们始终都像朋友一样。

我妈思考问题的角度有时很感性，她的情绪很容易被感染；但她有时也很理智，表达出来的想法都是那么有条有理，而且还十分严谨。一般她指出我的问题，我都是无法反驳的，但我会用更高的音调、更大的音量去捍卫我那条理不清、漏洞百出的观点。我妈则会像一个哲学家一样，说着那些我从来没听说过的复杂的、高级的道理。如果把她说的这些话编成一本书的话，没准儿会在教育界以及哲学界引起不小的轰动。

我妈从来是以理服人，几乎没动用过武力，因为还没等她动手呢，就已经完胜了。

我妈其实很可爱，我很佩服她，她能用二十四小时做很多事情，能一个月看完四本书，能静下心来写小楷，能坚持每天背单词，还会做很多好吃的菜……最重要的，是她敢想敢做。

我妈虽然看上去不是很年轻，但是她有十四五岁少女的爱好、有年轻人的思维、有独特的思想、有对人生完美的表达。我很喜欢这个我已经认识快要14年的“女孩子”，她真的很棒！

点评

我太喜欢这个有着“少女心”的妈妈了！她让我想起那个自从有了瑞宝就常常被我遗忘在角落的内在小孩。作为妈妈，我们大可不必天天一副呕心沥血的样子，如果妈妈总是那么沉重，怎么能养出轻松快乐的孩子呢？这样的妈妈，更能得到孩子的理解和信任，教育的目的自然水到渠成。更了不起的是四十几岁的“少女”妈妈，还能“敢想敢做”。她每天的努力，就是孩子最好的榜样！这篇文章无须花费许多笔墨，一个现代独立女性的形象就已经跃然纸上了，因为这位母亲鲜明的个性特点，小作者显然不缺乏素材，信手拈来已是细节满满。

我妈是只刺猬

2019届2班　吴思萱

我一直觉得刺猬很可爱。它们圆滚滚、胖乎乎的，那件带刺的外衣为它们增添了几分灵气。如果可以的话，我会很想摸摸它们那软软的小肚皮。可惜它们总是把那带刺的外衣披在外面，保护着那片柔软……

我觉得我妈就像只刺猬。她就像那圆滚滚的刺猬，总能逗我笑。有时她会做一些傻事，这时的她就像后背着地的刺猬，怎么也翻不过来，需要我伸出援手。

我觉得我妈像只刺猬。她生起气来，身上会竖起无形的刺。她经常挑我和老爸的毛病，情绪激动时就像一只剑拔弩张的刺猬。如果看到她把“刺”立起来就要小心了，谁知道这些“刺”会不会突然扎在谁身上。

我一直觉得刺猬很无私。有花园或菜园的人都欢迎刺猬，因为刺猬吃蜗牛和鼻涕虫，它们能帮忙把花园和菜园治理得更好。我妈也是，虽然她不停地抱怨我们家乱、抱怨我的头发掉得满地都是、我洗完澡之后厕所地板湿得都进不去、爸爸把牙线到处乱扔等等，但是她总会把这些都打扫干净。许多我们嫌麻烦的事也都是她做的，这都是为了让我们的家更好、更温馨。

我一直觉得刺猬很有毅力。我小时在故事里看到刺猬不会游泳，但为了躲避豹子，它努力学会了游泳。我妈也是，她能坚持做一件事，下定决心要做成的事也一定会做到。她一直很想学游泳，尽管之前学了很多次都以失败告终，但最终她还是做到了。

我一直觉得刺猬很温暖。因为背上有刺，刺猬想拥抱别的刺猬是很难的，尽管会被扎伤，它们依然选择拥抱。这也是它们打动我的地方。我妈也是，她有火暴的脾气，却总会留给我那一片柔软，在我难过的时候，拥我入怀，她教会了我“爱的抱抱”。

点评

思萱是个特别温暖的孩子。她常常在我走进教室的时候，跑来跟我“抱抱”。看这篇文章的时候，我才知道这份温暖来自她的妈妈。文章巧妙地以“刺猬”这个形象让我们体验到了妈妈的坚韧与温柔。文章语言简洁明了，情感真挚，让人感受到作者对母亲的深深的爱和感激。

忆江南
——我的妈妈是一阕《忆江南》

2019届2班　张新月

清丽隽永，清秀中带一丝侠气，一丝洒脱。这就是我心目中的《忆江南》，在我看来，这阕词正是我妈妈的写照。

“江南好，风景旧曾谙。”在我的记忆中，妈妈从未发过太大的脾气，她的愤怒，只是表现在说了几句气话后一个人默默流泪。就像一阵春雷，说来就来，说散就散，有时会一连阴霾好几天，但更多的时候是碧空如洗，水光潋滟。

“江南忆，最忆是杭州。”妈妈给我印象最深的就是她的“柔”。每当我在学校受了委屈，跑回来跟她抱怨时，她总是在一旁默默地听着，不时地点头插上一句话表示她在听，等我说完才会提出建议。没有强硬的语气，盛气凌人的姿态，也没有“风雨不动安如山”的气场。她有的，只是如江南春雨般的“绵”与三千弱水般的“柔”罢了。她告诉我要有“以柔克刚”的力量，并希望我也能如此——不过我并没有做到。

“江南忆，其次忆吴宫。”我妈妈特别喜欢“忆甜思苦”。“忆甜思苦”是指回忆之前的美好岁月，恨我爸不成才。记得我小时候特别喜欢听她讲她小时候的故事：她可以天天吃动物饼干（姥爷单位发的），逢年过节去买几块自己喜欢吃的糖，可以跟好朋友一起翻绳、跳皮筋……动物饼干是找不到当年的味道了，“大白兔”奶糖因为减肥也不吃了，老朋友因为没有北京户口、孩子上学没着落，回了老家……妈妈这样“忆甜思苦”，也是有缘由的吧。

“江南好，何处异京华。”妈妈也是一个非常时尚的人。她的美大体上是朴素的，不浓不艳，素淡又不单调，但是可以从细节中看出她的“少女心”：一双小白鞋，几条“雾霾蓝”的围巾，彩铬画哈士奇的手机壳……正如《忆江南》，短短几字小令，却能于字里行间看出优雅。

“江南好，怀古意谁传。燕子矶头红蓼月，乌衣巷口绿杨烟，风景忆当年。”一阕《忆江南》中，藏着我与妈妈的故事……

点评

《忆江南》这么美的词，用来形容一个人，又美好又诗意。文章既写出了妈妈带有江南风格的清丽，又表现了她温柔细腻的性格。语言清新，孩子对妈妈的深深的眷恋和敬爱尽在文中。

三、用心观察，写出真情实感

学习简案

课型	鼓励学生依托自由观察，真实表达思考或情感的随笔练习
学习重点	在刚刚经历过的生活中自由选材，在写作中力求“有趣”，以此养成观察生活的习惯
实施要点	在每次随笔写作前强调即时回忆、真实有趣的要求；在写作后分享佳作，起到鼓励的作用
成果亮点	通过写作提升学生观察力和思考力，让观察成为日常的学习习惯

前面两个话题，一个是由教材出发，另一个源于老师的小小灵感，这两次是在老师的启发中有目标、有方向的观察。此外我更想强调的是，学生写作能力的提升，更多地应该体现为日常生活中的自由

观察。正因如此，每个学期，我的孩子们至少有一半的随笔写作是自主命题的。不过，为了防止他们“炒冷饭”——把以前写过的文章搬来应付——每次写作都必须从最近的生活中取材。还有一条非常重要的要求——

无论写什么，都要在写完后自己读一读。如果你都不愿意看第二遍，那么拜托不要交给老师！随笔，总应该看起来有点儿意思才算达到写作的目的。

对！没错，有意思比有“意义”更重要。

学生们的大量自由随笔中，很多看起来平常无奇，很有可能会被家长判定为文采不足、内涵不深。但作为他们的语文老师，我却很乐于发现这些文字背后孩子的生活。我努力去读懂他们观察到的、写进文字里的生活，觉得真是处处可爱。他们会把同学间的八卦全方位地讲给你听，也会记录下被老师家长表扬的瞬间；会啰啰唆唆地给我讲一个尴尬的时刻，也会唠唠叨叨地吐槽内心的委屈……而我会用简单几句话，表达我的理解或建议。

这样的随笔，大多数家长是看不到的。家长们常常对我“抱怨”，孩子总是把随笔本藏起来，生怕被他们看见。有些可爱的妈妈，甚至会有些“羡慕嫉妒”地问我，为什么孩子会把文章给我看，却不肯给她看。我都告诉他们，随笔本里，并没有什么大秘密，但就像一位教育同行说的——“成长，对于每个孩子来说，都是惊天动地的大事情”。作为老师，我尊重他们的每个烦恼、每次迷茫，但对家长来说，很难做到风轻云淡。

为了让孩子们在写随笔时不要漫无边际，我常常鼓励学生，要有问题意识。无论遇到什么问题，都要“打破砂锅问到底”。唯有如此，才能成为学习的主人，才能在不断寻找答案的过程中有所发现。

要解决这些问题，不仅需要查找资料、学习书本知识，更需要孩子们在生活中善于观察——我常给他们打比方：如果说鲁迅先生能用200倍的放大镜观察生活，写出不朽之作，那一般的作家也得有个20

倍的放大镜，像我这样能写两笔的语文老师呢，大概有个10倍的，可是，你们呢？你们怎么也得有个5倍的吧？结果可倒好，你们拿反了吗？

孩子们总会被这套“嗑”逗得哈哈大笑，然后在心里暗暗调整好他们的放大镜，学着去观察生活。

下面这两篇习作，是孩子们在初一第二学期的自由随笔。很有意思的是，同样是放学后的时段，两个不同孩子对生活的观察以及由此产生的联想是那么不同。自由随笔的意义，就在于让每个孩子能够有自己独特的积累和发现；这些属于每个人的鲜活的生活记忆，会成为日后命题作文考试时，不同于“俗套”选材的精品，熠熠生辉。

放学后……

2025届5班　张强锵

走出校园，望向天空，天空是深蓝色的，云朵很稀疏，耳边微风拂过，毫无声息。天空还算晴朗，再往前走，我看到了些枯萎的桃花，凋零得有些厉害，树下都是破损的桃花瓣。又一阵风吹过，桃花花瓣无序地飘动着。树叶发出了沙沙的声音，小草也有些苍老，上方绿化带的叶子也被剪掉了，只剩那稀疏的、秃秃的枝条了。

再往前走，柏树的枝条也是光秃秃的，被路灯照着的它，更显沧桑，泛出了暗黄色。旁边车辆快速驶过，没有发出一丝声响。

到了公交车站，向左望去，一辆辆车开过，要坐的公交车久久没来，我看起了书，肚子更是空落落。我知道自己这次考试状态一般，知识点有很多遗漏，成绩肯定不行，但转念一想，这只是一时的失败，下一次再努力！我感觉好了许多，走路更加坚定了，即使那树枝已经疲惫了，叶子告别了大树。

但我坚信终有一日，冬去春来，春暖花开。

点评

我没想到我们平时常说的“情景交融”，会在一个初一孩子的文章中体现得这么淋漓尽致。“枯萎的桃花”“破损的桃花瓣”，柏树的枝条也透露出一种沧桑感。写到第三自然段，作者才娓娓道出了这些“眼中之景”皆因“心中之情”——考试失利。文章融情于景，转换顺畅，十分自然。

偶遇落日

2025届5班　王思卓

日落永远能给人带来新的美好。

每周六傍晚，坐在公交车上，我常常能遇上日落。今日的天气不甚晴朗，日落便别有一番特色。天空好像被划为了三个部分：东边是鱼肚白色，由大而厚的云堆砌而成；正上方一片天空是蔚蓝色的，这是整个天空原有的本色；西边是橙黄色的落日，一轮金日躺在高楼之上，懒洋洋地想“下班”。整个天空中，落日夺目的光芒仿佛驱散了积云，云层就像被掀起一样，为太阳盛大的谢幕让出舞台。

车渐渐驶近了天桥，我不经意地向上一瞥，桥上正好驶过一辆电动车。在即将穿过天桥的前几秒，那辆电动车的色彩由暗淡的图画变为了纯黑的剪影，那剪影在一瞬间半掩住落日，几乎与之融为了一体。金黄色的背景将那辆小车以及车上的背影映衬得如此简洁有力。骑车人的剪影是天桥上最深邃的颜色，他的世界仿佛是那样简单，又仿佛包罗万象、诠释一切……车疾速穿过了天桥，天桥落在了身后。不知那电动车上的人是否知道，他匆忙赶路的身影，曾有一刻成了别人眼中的风景。

在快节奏的生活中，我觅得了久违的新鲜感。自此之后，我的身后一直跟着那个傍晚的落日，它没有熄灭故事的结局，每天傍晚都能被我看见，不经意间就能给疲惫的我带去一丝明朗。

愿我们都能抬起头，注视每一天的日落。

点评

这篇短文的意蕴丰富、境界宽广。也许作者自己也很难说清这一瞬间情绪的触发点是什么，只是瞬间的一瞥，一个天桥上的剪影就在脑海中熔铸下异常深刻的印象。作者用文字代替画笔，把那一瞬的心情和色彩加以浓墨重彩的展现。“它没有熄灭故事的结局”，对动词加以创造性运用，非常特别。

四、寻找机会，触发写作灵感

学习简案	
课型	抓住生活中的“馈赠”，引导学生留心观察的课堂小练习
学习重点	抓住不期而遇的时刻，引导学生从繁重的备考状态中走出来，以放松的心态观察生活，获得写作带来的力量
实施要点	关注学生的状态，把握住能够触动学生的“写作点”，激发灵感
成果亮点	激活备考中学生的敏锐的观察力，强化写作带来的自信感受

越是到了备考阶段，保持敏锐的观察力越是重要。我被问过无数次，要不要在中考前背一些满分作文，实话实说，在考场上照搬背诵的文章，被我们称为“宿构”，这样的文章往往穿鞋戴帽、牵强附

会，极易跑题偏题，别说真实的情感表达了。有人会说，孩子的生活变成了两点一线，除了跑长跑和刷试卷，还有什么可写的吗？

答案是肯定的。我们在前面提到过“放大镜”理论。能在看似枯燥的生活中保持敏锐观察力的孩子，也能在生活中捕捉到各种看似微不足道的细节，就越能在最终的考试作文中拔得头筹。要实现这个目标，就要坚持自由随笔。

另外，对孩子们来说，自由随笔还有减压的作用。到了初三，越来越多的孩子们会在每周一次的随笔里，诉说学习的压力和苦恼。我知道，这一切再正常不过——没有一个孩子不在意自己的成绩，哪怕是那些看起来吊儿郎当的“淘气包”。能够用写作的方式把内心的感受表达出来，至少可以让他们离抑郁远一点。

作为成年人，我们能够为备考孩子提供的帮助，更多的是让生活再多点惊喜或馈赠。要知道越是疲惫的孩子，越需要被激发、被触动。保持对生活的热爱，是在语文学习上取得好成绩的关键。相信我！

2021年11月初的北京，前有细雨开路，后有风雪加持，气温一下子就降到了冰点。

和大人们为降温带来的交通压力发愁不同，我儿子因为这场雪的到来激动不已：终于可以穿上雪地靴、重重地一步一顿地踩雪玩；可以以帮妈妈扫雪为由、弄得自己成了雪人而哈哈大笑；可以跟院子里不同年龄的孩子一起打最简单也最刺激的雪仗……

冻傻了的我，忽然想到，这样一场雪，在背负着中考压力的初三孩子眼中，又是怎样的呢？他们是否还有心情保持对生活的敏锐观察？

雪后周一的语文课上，我给学生们看了一下瑞宝弟弟在雪地里疯玩的视频，讲述了我开车时战战兢兢的感受，然后提问：“你们有多少人关注到了这场雪？”绝大多数孩子举起了手。我继续追问：“如果用一个词来形容一下，你觉得这是一场什么样的雪呢？小组同学之间分享一下吧！”孩子们叽叽喳喳聊得很热闹。

然后，我说道：“现在，只给大家十分钟时间，以《____的一场雪》为题写一个片段。”

作文收上来，读着读着，我就欣慰地读到了孩子们并没有被升学消耗掉、依然敏锐的观察力；更为难得的是，在字里行间，我读到了孩子们面对风雪的乐观淡定和思考，让我看到了他们的成长。

在初三备考阶段，这样一次写作的意义在于提醒学生既要保持敏锐的观察力，又要保持对生活的关注和体验。

刺骨的一场雪

2022届4班　王子钰

周六晚，我在北大附中吃完饭从食堂出来，天色已暗，早上还是朦胧大雾，此时却只有刺骨的寒风和淅淅沥沥的雨。

过了不久，朵朵雪花逐渐出现，路灯发出的光可以照出雪花的样子。当时我只穿了一件卫衣和一件薄薄的冲锋衣。每当有风吹过，雪花从脸旁滑过，会感到冷和痛，继而面颊被风吹得逐渐失去知觉。

更可怕的是，伸出衣袖的手上还有零碎的雪花附着，我的头发已经被雪花覆盖，嘴里呼出的气变成小水珠在口罩上渐渐凝固，口罩内侧仿佛也带了层冰。

逐渐地，我的手不再能轻松活动，走进地铁站，地铁工作人员让我伸出手测体温，我想此时体温计的示数可能只有20℃了吧。

点评

总是追求帅气而不顾寒冷的家伙，这次对“刺骨的寒冷”进行了全方位的观察。本文的细节描写很到位，天气的变化、“我”的行程，都不慌不忙一一道来，冷气逐渐从皮肤侵入口罩、衣袖，过程分层渐进，十分清晰。

艰难跋涉中的一场雪

2022届4班　杨啸晗

下雨夹雪的时候，我妈把出去买饭的任务交给了我。

一出门，无数小铁珠一样的雨滴迎面打来，寒风让你瑟瑟发抖。就这样，我顶着风雨踩着小绿车出发了。路上几乎一个行人都没有，只有几个披着黄衣的外卖小哥骑车飞驰而过。

才骑出去不到十米，我的身上就全被打湿了，狂风让骑行更加困难，脚蹬犹如千斤的巨石，要使出全身的力气才能蹬出去几米。更令我烦恼的是我没穿秋裤，外面的裤子只到脚踝，露在外面的皮肤已经没有了知觉。手和耳朵被冻得生疼，让人不想坚持。

这短短的几十米对我而言就如同在雪山中步行几千米一样困难。

点评

坏天气被派出门买饭，作者把其中的艰辛表达得很到位。通过描写寒风和雨滴的击打，以及身体的感受，隔空就感受到作者在恶劣天气中外出的不易。文章语言简洁生动，让读到的人能够身临其境地感受到作者的心情。

深夜里的一场雪

2022届2班　淡祥

一天晚上，我在拉上窗帘前往外看了一眼，惊奇地发现外面下着大雪。颗粒状的雪连绵不断，天地间形成了一块雪白色的幕。

我关上灯，特地为这雪幕留了一扇窗。我仰视着落下的雪，平躺在床上。

冬天是四季中最后一个季节，一年就要结束了。回看这一年，时光飞逝，在不知不觉中从初二升到初三。给自己做个总结的时候到了。

点评

和前两篇文章不同，这个男孩没有太多地描写自己观察到了什么。但他为雪幕留下的这扇窗，实在是太浪漫了。我仿佛看到他躺在暖暖的被窝里，仰面朝天地望向窗外，一边静静地看着漫天飞雪，一边默默地思考着自己的生活。

第二篇 体验

体验，指的是人们内在情感与外在环境、事物间交融的一种方式，是在观察基础上的提升。观察“向外看”，体验则更强调写作者内在的情感活动。这种活动带来的，不是单一知识或能力的积累，而是写作水平的整体提升——孩子乐于在写作中表达出自己的真情实感，写出的文章也会更鲜活可感。

在日常生活中养成观察习惯的基础上，形成更为细致敏锐的体验意识，对于提升写作能力是非常必要的。那么，一个成长中的孩子，如何做到让体验写作丰富而精彩的呢？简单说来，就是让他如其所是地成为自己。如同世上没有两片相同的树叶，每个孩子的成长过程都是不一样的。不同于数学、物理等理科学科教学，作文教学既要贴近学生生活实际，让学生易于动笔、乐于表达，又要引导学生关注现实、热爱生活，表达真情实感。

为什么有那么多孩子喜欢在作文中编故事、说假话、照搬别人的文章？很多时候是因为他们片面地觉得标准化、统一化的作文容易拿分，忽略了自己的独特体验。实际是即使是同一件事，每个学生获得的体验都是不一样的。比如老师在课堂上讲了一个故事，乐观的孩子听到积极的因素，心境沮丧的孩子却觉得句句扎心一样。

我们尊重不同学生的不同体验。

所以，我们的作文教学中，鼓励学生自由、有个性地表达，用自己喜欢的方式表达出真情实感来。

我们可以通过学校活动有意识地触发学生的体验，进而引导学生在学习生活中去自主体验，还可以通过命题写作训练的方式，引导学生在写作的“当下”，体验过去生活中的经历和实践中蕴含的丰富滋味。

只要鼓励学生将自己的真实感受表达出来，与他们共同品味关于学习、生活和成长的各种滋味，并不断为学生创设更为宽广、自由的写作空间，激发他们表达的愿望，就能看到每个孩子无限丰富的体验世界。

一、在特色活动中获得体验

学习简案	
课型	在特色校园活动后或期中、期末等阶段节点，鼓励学生在实践中获得体验的命题写作练习
学习重点	用心体验学校活动及生活对自身成长的意义，并能够在活动过程中和回忆活动时获得思想上的提升
实施要点	在活动开展过程中，提示引导学生增强体验意识，并鼓励学生及时分享
成果亮点	学生将体验写成文章时，表达出的体验不仅展现出学校活动的成功，更有学生成长的表现

在学校教育中，特色活动为学生提供了获得体验的机会和情境。从写作教学的角度看，老师要对学校的各项活动的教育意义有清晰的认识和准确的把握。

北大附中从新生入学的一系列活动开始，就在传达着合作共赢、重在过程的理念。

孩子们亲自参与，共同体验，在活动中互相认识彼此，也了解了学校。接下来的校园生活，无论是需要咬牙坚持的军训，还是丰富多彩的社团活动，或是日常学习中一个个富有挑战性的任务，都会带给孩子各种丰富而独特的体验。而这些体验，成就了他们个性鲜明的作文。

“探秘北大附中”

初秋的校园，阳光灿烂、万物可爱。来自不同小学的孩子们来到新的校园、加入新的班级，彼此间的陌生让他们对初中生活充满好奇。探秘校园活动，就是让新生们在校园中进行的定向越野。全体教工已经做好准备，在校园的各个位置，笑迎前来探秘盖章的孩子们。孩子们按照规则分好组，在拿到任务单和校园地图后，迅速行动，完成任务。

比起排着队参观校园，定向越野能够让新生迅速认清诸如医务室、教务处等重要地点的位置；比起一个个单独的自我介绍，定向越野能够让不熟的学生为了同一个目标而迅速熟络起来；比起班里的枯燥说教，定向越野能够让班集体的凝聚力迅速提升。

这是一项需要全体参加的特色活动。每年要完成此项活动，都需举全校之力，连保安叔叔、保洁阿姨都要参与其中。这恰好又向学生传达了一个理念——人人皆是教育者。

走进附中

2019届2班　邵沐之

在这个银杏叶微微染上金黄的季节，我们走进了北大附中。在短暂的几天里，我们彼此相识，彼此熟悉。而每年新生的传统节目——“探秘北大附中”更是让我记忆犹新。

我是第一次参加这种定向越野式的活动，这让我心中泛起一股小小的期待。铃声响起，我们第一组像离弦的箭一样一起飞奔出教室。打开地图，看着一个个并不熟悉的地方，虽然我早有准备，吃完饭后在校园转了一大圈，熟悉了一下位置，可人算不如天算，我之前做的“功课”此时并没能提供什么帮助。

时间太紧张了，我们不假思索地冲向了第一个映入眼帘的地点——致蕙礼堂，接着拐进了格子铺、南门、食堂、行政办公室……我们一路奔跑着，寻找着，快乐着，收获着。阳光渗入银杏叶的缝隙，照在我们汗水淋漓的脸上，映出了一道道光晕。

很快，我们集齐了所有印章，正准备凯旋时，组长摸了摸裤兜，从里面揪出一张纸，我突然意识到，我们忘记了答题。

打击来得太突然了，我们只能重新跑一遍。我边跑边迅速思考着：刚才用了不到十分钟，如果再跑一遍，算上答题的时间，总时长应该在二十分钟左右，如果我们不答题现在回班，那么总时长会在十五分钟以下，还是很快的。但我们作为第一组，交白卷会影响士气的，我们还是一致决定再跑一遍，完成所有任务。

于是我和我的伙伴们在火辣辣的日头下，围着校园重新从一个目标奔向另一个目标。看着其他班的第三组都已经出发了，我的心开始焦灼起来，现在人越来越多，每个地点都要排队，短短几十秒的排队时间对我来说显得那么漫长。“终于答完了！”我长出了口气，看下时间，用了二十七分钟，这么长的用时让我们心里充满了焦急和沮丧。当我们一起飞奔回班里，准备接受埋怨时，教室里却响起了掌声和欢呼，我全身的疲惫一下子烟消云散，这大概就是集体的爱与力量！

“探秘北大附中”是我走进附中以来最难忘的活动。我们小组一路没有争执，没有埋怨，只有满满的团结与执着。在这个过程中，我也明白了，完成项目一味图快是不够的，还需要严谨和细致，这也是这次探秘给我的收获吧！

点评

这篇文章通过描述自己参加北大附中新生活动的经历，表现了集体的爱和力量，以及团结的重要性。文章语言流畅，情感真挚。

这项成为传统的实践活动，恰恰在向孩子们传达着我们的教育理念：合作是你们在这里学习成长的基础，高效的行动让你们明白合理规划的重要，评价让你们理解全面发展的意义……我们的学习生活，就是这样充满趣味。

特别的“军训”

可能是因为有了特别的“训练”——“探秘北大附中”作为“开门大礼”，孩子们在接下来三天的军训里，获得的体验也不再局限于苦，而是有了更深刻的内容。

走进附中

2019届3班　任屹

金秋九月，秋意渐浓，银杏树叶逐渐变黄，我也从小学步入了初中，从稚气未脱迈向意气风发……初中生活是别具一格的。在附中开学前的三天军训活动中，我感悟了许多，真是难以忘怀！

这是军训的第二天，教官严肃地说："今天下午，我们初一年级十一个班，将进行展示评比，大家认真练习。听见没有？""听见了！"我们洪亮的声音回荡在场上。"下面我们练习齐步行进。"教官宣布。

练习开始，"齐步走！一、二、一……"我听到命令，就抬头挺胸，目视前方，手呈半握拳状，伸直手臂，同时用余光关注左右两边同学的位置，让自己与她们保持步伐一致，不敢稍有懈怠。我迈着坚定的步子，向前走去。虽说现在不是正式展示时间，可我还是得精益求精，只有刻苦训练，正式展演时才不会犯错。加油！我一定可以成功的！我暗暗给自己打气，继续迈着昂扬的步伐向前，仿佛自己就是一名军人，正和队友一起在阅兵场上。我们有力的步伐伴着清脆的口号"一、二、三、四！"隔壁班的同学们向士气高涨的我们投来了钦佩的目光。马上就要走到头了，站定时千万不能踏错脚，最后一步是右脚，千万不能忘了。随一声"立定"，我成功地停住了脚步。接着，我保持挺胸抬头，双手夹紧裤线，重心前倾，下巴微收，在耀眼的阳光下一动不动，这应该就是军人干脆利索的作风吧！

在平时的生活中，我认为自己是个被惯坏的孩子，尤其是在体质和毅力方面，有时遇到一些困难就想放弃，很少去思考解决方案。军训改变了我。烈日下，我学会了忍耐；站军姿，我学会了坚持；在同学低血糖时，我学会了关心；在班级展演时，我学会了团结。

也许很多人只知道附中管得"松"，附中活动多，却不知这些活动的意义有多么深刻，它们能给予学生很多书本上没有的精神与品质。谢谢附中的军训活动，因为在这难忘的军训生活中，让我们更成熟了，同时也对附中的生活更熟悉了。

点评

小作者选择了军训作为写作素材，直接从第二天的任务切入主题。主体部分写的是自己，但也代表了队伍中的每一个人。细腻的心理活动，让我们每个经历过军训的人都能产生共鸣。结尾两段，更是点睛之笔，说明她能理解这些活动的深意。

“初一小结”

每个学年结束的时候，我都会带着每个班的孩子一起做一次复盘。

期末考后的语文课，我们不会揪着分数不放，而是大家一起畅所欲言地聊一聊这一年里的体验和收获。课堂上，我会先让孩子们分成小组进行讨论，然后把能产生共鸣的事情用关键词句的形式写到黑板上，形成全班的共同记忆。然后，请孩子们对照自己的成长，把感受最深的事情写成作文，作为自己的青春纪念。

我·初一生活

2019届2班　师嘉蔚

他们都说初中是人生最难忘的“季节”。

我不信——直到我遇见了你们。在银杏叶的见证下，饱尝初一生活的酸甜，并努力地收集着“龙珠”，等待着“召唤神龙”的那一刻……

仍然清晰地记得，在看见小升初的暑假作业时无奈而又哭笑不得的心情；在刚拿到校服坐地铁回家的那天，无论校服有多么沉，地铁上有多么拥挤和闷热，都紧紧地把它们抱在怀里，一直不敢放松，生怕这“一抹红”会从我的怀抱里溜走似的。还仍然清晰地记得，我身穿红校服开始第一天的学校生活时，在学校西门门口，一遍又一遍地看着“北京大学附属中学”这八个金色大字时，心中久久不能平息的澎湃……

刚入学时的我，懵懂无知，总是磕磕碰碰——因为在第一节英语课上听不懂老师讲的东西而默默流泪；因为在合唱节时第一次当着那么多人拿着话筒讲话而忘词，下台后号啕大哭；因为汇报的态度不认真，被批评后悲伤至极落下了眼泪……现在想想，我也真是个泪腺发达的人啊！但这并不意味着全部，有缺点，我可以改；有困难，我可以想办法解决；有坎儿，我可以迈过去。虽然这过程会有艰辛和汗水，但是我也是有脑筋的，我可以把压力放进冰箱，变成动（冻）力。一次又一次的磨炼之后，我在英语课上也能和老师用英语进行简单的对话；能够当着初一、初二年级的同学，与小组组员在台上完成一场短剧表演；还能够与组员进行细致的分工合作，完成一次不错的课题汇报。

当然，这只是初一生活的一部分，还有更多的美好回忆，我希望能够将它们留在心里，永远珍藏。我很欣赏一句话：“回忆是美的，所以更要努力去创造更美好的回忆。”是的，初一，即将在我的学习生涯中落下帷幕，初二，正在不远处等待着我。精彩还在继续……

点评

小师真的是个很努力的孩子。我常常劝她放松一点，再放松一点。但她不肯，她总在努力证明自己。那么，好吧！让我抱抱你吧，看你这篇“复盘”文多棒，我为你骄傲！

附言：

当我再次重温这篇文章的时候，小师同学已经是中国传媒大学的大学生了。我跟她聊起初中时的写作经历，她发来这样一段话：“我记得，初中每周要写一篇随笔，老师不会完全按照同学们的文笔来给分，而是按照这个同学的写作水平有没有提升和所写内容有没有比之前更新颖出彩来给分。这对我的影响很大，让我敢于写一写自己的想法，哪怕用词粗鄙浅薄，至少敢表达自己，这蛮好的。”对于像小师一样“卷”到不觉得自己“卷”的孩子，我更愿意为他们“松绑”。这种“松绑”不是降低要求，而是给孩子们松弛感，增强他们的自信心和自驱力。这也是北大附中的教育理念，给每个孩子以足够的空间，给所有孩子以足够的信任，相信他们总会不断完善自我，创造精彩。

学会“有张有弛”地绽放自我
——我的初一生活

2019届2班　吴思萱

我要怎么做才能称得上是“附中人”，我想成为什么样的“附中人”？

很多人都说北大附中特别适合我，可能是因为我的“个性鲜明”吧。每个人选择来到北大附中，一定都有自己的理由，或许是梦想，或许是追求。

其实我不是一个很善于“blend in”（融入）的女孩，我总是把那些鲜明的棱角露在外面，随时准备“出击”。而这也是北大附中吸引我的原因，我相信我可以在这里做最真实的自己，展示自己的个性。

事实上，附中并不是我所预想的那样，或者说，不仅仅是那样。

要我说初一这一年附中让我明白了什么，那就是附中既主张与别人合作，也留给你属于自己的一片天空。

每个人都有自己的长处，附中多样的小组活动就是为了让我们明白这一点。当你认为自己已经想出了极好的点子准备开始喋喋不休时，别忘了，可能其他人也有独到的见解。我学到了不要总是一个人说啊说，要学会去倾听别人的看法。而当你静下来听时，别人的看法可能已不知不觉中变成了你的看法。别人身上有很多值得我们学习的地方，只要你肯稍稍收敛一下自己，让别人当一会儿那颗闪亮的星。

但当轮到你闪耀的时候，也不要过分谦虚，做最真实的自己就好。因为只有当几个人的个性擦出火花时，这个小组的思维才真正地被“点燃”了。

突然想到“文化魔方”五周年时一位学姐说的：“‘少年行’让我们把自己那些个性的棱角都磨圆了。”

我觉得，其实那些棱角并没有真正被磨圆。在小组合作时，它们收了起来，让我们能更容易地和别人融洽相处，去接受别人的观点。但有时候，它们也会显露出来，让我们每个人都独一无二，与众不同。

要说这一年我在附中学到了什么，就是“有张有弛”地绽放自我，在与人协作的同时，做最真实的自己。

点评

至今我仍记得，当我读到这样一篇很“北大附中”的文字时，作为师姐（我自己也是这所学校毕业），我感受到了传承的力量。给我俩点赞！

北大附中尊重不同性格孩子的自我意识。孩子只有先看到自己、认识自己，才能更好地与人合作。我们在保护孩子的自我意识的同时，努力为孩子搭建不同的平台，让他们有机会展现自己的长处。为了让更多看起来普普通通的孩子也能“发光”，小组合作是一种非常美妙的方式。我们的语文课和作文课也一直秉承着这一理念。一开始，孩子们可能并不真正理解“合作” 的含义——他们常常把工作分为A+B+C+D+E，我们会想办法让他们理解，每项任务都应该是A1+A2+A3+A4+A5……最终在合力的推动下，每个人都会发现自己和同学的闪光点。这也正是教育的意义所在。

二、在自我成长中丰富体验

学习简案

课型	基于对成长中遇到困惑的体验和思考，进行自由随笔写作
学习重点	将个人体验以自己喜欢的方式表达出来，形成体验写作的习惯
实施要点	抓住各种机会，引导学生对学习或成长中遇到的问题进行思考，并在随笔中完成记录
成果亮点	能够将日常学习生活中的个人体验真实地表达出来，促进自我成长

对于学生来说，日常生活中的学习机会无处不在，但很多时候，大家都认为学习发生在课堂上或者考试时。作为老师，要善于把握激发学生体验的“时机”，引导学生在更高的层面理解学习的意义、品

味生活的滋味。

我遇到过很多听话的孩子，他们从小就在认真地学习。但很多时候，他们忘了思考学习的意义。

记得几年前，班里有个特别努力的女孩，即使考了99分，都对自己很不满意。我把她请到办公室来聊天——

“你为什么要上咱们学校？”

“为了好好学习。”

“为什么要好好学习？”

“为了考好成绩，让爸爸妈妈高兴。”

“学习就是为了让爸爸妈妈高兴吗？”

“我觉得是啊……”

“那你觉得班里谁学习最好？”

“郭某某。”（郭某某是个聪明努力又淘气的男孩子，学习成绩很好）

“好，那你去班里找他，问问他，为什么要来咱们学校，为什么要好好学习。然后回来告诉我，好吗？”

小姑娘听话地出去了，然而我并不知道郭某某会如何作答。但直觉告诉我，那个孩子的答案应该不会让我失望。

过了一会儿，小姑娘笑呵呵地回来了——

“老师，他在班里推他的法拉利（就是贴了法拉利车标的书包）呢！我问他了，他说是为了享受幸福的生活！”

天啊！这个小男孩怎么这么懂我！

“对啊！我希望你能跟他一样，为自己学习，懂得享受生活！”

就是这个姑娘，后来在大学遇到困境的时候，靠着写作打败了抑郁。我至今珍藏着她从法国一个海边小镇寄来的明信片，上面写了一句话：

“感谢您，教会我写作，教会我享受生活。”

当初引导这个学生跳出书本学习和考试成绩的束缚，更好地体验生活时，我没有想到，写作对于生活会有这么大的意义。初中阶段的写作经历，促使她养成了在体验写作中看清所处的环境、也看清自己的习惯。这一点，非常重要。

有趣的是，历史总会惊人的相似。我又遇到了一个思考人生的小姑娘——

往前看

2025届5班　翟立言

时间如白驹过隙，转眼之间，我们已经开学一个月了，在这不长不短的一个月里，我有了一些全新的收获。我将之记录下来，作为我初中回忆的一部分。

与史老师的谈心，让我感受到朋友般的陪伴，让我开始了对未来的畅想。

其实开学时我的学习状态不是很好。当时，我已经对“好成绩”执着到疯魔的程度了。“寒假都背了那么多单词，我一定可以！”我充满信心地拿起笔，结束时又忐忑地放下，最后被成绩浇了个“透心凉”。人与人的悲喜并不相通，别人的“凡尔赛”更是让我心灰意冷。当时我满脑子只有三个字——“为什么”。想着想着，眼角竟有些湿润，我睁大双眼，不让眼泪流下来。怀着沉重的心情，我一步一顿地挪到了史老师的办公室……

我真的努力控制自己的情绪了！可是聊着聊着，不知怎么回事，我的眼泪再也忍不住，啪嗒啪嗒地往下掉。泪模糊了我的眼，前方雾蒙蒙的，鼻子也好似被两个软木塞堵住，只能用嘴大口吸气。

史老师深深地看了我一眼，递给我一张纸巾。

“你觉得谁最优秀，在我们班里？”她平静地注视着我的眼。“某某。”我说，边说边抹眼泪。“可是某某没你漂亮。”她语出惊人，但目光仍然平静。

我们都沉默了一阵……我呆呆地看着她桌上吐着水汽的熏香机，她看着我，目光深邃，好像在想什么似的。

突然，她猛地拿起水杯，痛饮一口，好像渴极了，本来满杯的水少了一些。

“看看，假如这是九十分，你们关注的，不是现存的水，而是我喝掉的那口。”她声音柔和，比讲课时声量小了不少。

“我们做事要往前看。站得高，是让你望得远，而不是让你面对万丈深渊。要往前看，放眼整个初中学习，这一次考试又算什么？”她看着我，目光柔和。那一眼，解开了我的心结，让我明白了学习的真正意义。

回班路上，我迈着轻快的步子，眼睛始终注视着前方，我的目光穿过了笑闹的同学们，直看向远方的太阳，它暖乎乎的，真美！

点评

小翟自己一直在思考“怎么才能学习好、考得好”，我一直在引导她思考什么是“学习的意义、考试的意义”。我喜欢在看完她的习作后跟她聊天，看着她清澈的眼睛不再迷茫，闪耀出轻快而喜悦的光芒，我觉得能让她的成长因为遇到我而更多些美好和幸福。

还有一种孩子，他们是安静的存在，我只能在作文中“读”他们。对于这样的孩子，我总会小心翼翼地呵护着、关注着，既希望走进他们的内心，又怕打扰了他们的自洽。好在这样的孩子大多善于观察、乐于思考，对于老师的“刻意”安排，也能体验到其中的深意。

花开不为他人赏

2025届5班　陈雯琦

惊风飘白日，光景驰西流。时光荏苒，转眼间樱花爬上了枝头，气温回升，三月如约而至。在开学的这一个月里，有欢喜有忧愁，有成长有收获。

还记得刚开学那天，我到得很早，便帮着一起发书。在发书的过程中，偶然瞥见自己负责照顾的花草，经历了寒冬的“洗礼”，早已面目全非。我心不由得一颤，仿佛也如那风中快凋落的枯叶一般。“若是植物死掉，怕是要被同学们责怪吧。”烦恼自此开始堆积。

枯叶掉落后，我一直很忐忑，生怕植物缓不过来，在网上找了很多对策，但它们的状态依旧每况愈下。就在这段时间，班级又举行了“优秀干部”评选。不出意料，由于我的努力基本在“幕后”，票数自然比不上干的活“讨人喜爱”的那几位班委。心中的难过如巨石般，再次砸在身上。

之后不久，“生活委员”又新添了很多细碎的职责。我总是最早到班，又是下课放学时最晚离班的。尽管有时也会有疏漏，但大部分都十分认真地完成了。在做的过程中，我不禁思考：“做了这么多事，别人却注意不到，是否值得呢？”

一天放学后，班里只剩我一个人，拿着水壶，准备浇花。这时，我看到植物的顶上，赫然长出了嫩绿的小芽。一下子，我看开了。当时竞选班干部，不就是想让班级变得更好吗？如果干活的目的是获得赞赏，岂不是太肤浅了？仔细回想，我们班的很多同学，不也是在默默付出吗？尽管自己的付出在幕后，但认真完成之后，自己获得的成就感不输于被人看见。就这样，之前的烦恼烟消云散。

如经历“生死危机”后，再次茁壮生长的枝条，经历了这段烦恼后的我，对这份“润物细无声”的工作更加热爱了。烦恼只是人们自己凭空制造出来的，像这次，放平心态，才能有成长。

点评

由植物写到人，又由人写回植物，人在纠结、郁闷，植物在努力生长，人在植物那里找到了共情点，然后豁然开朗。多好的文章转折，多美的内心成长，琦琦真实而勇敢的内心独白，让曾经做过六年生活委员的我也颇为赞叹——“如果干活的目的是获得赞赏，岂不是太肤浅了？”

三、在回顾反思中提升体验

学习简案

课型	借助“标志物”回顾童年生活，在回顾中获得丰富体验的按要求作文
学习重点	从确定标志物开始，逐步细化童年回忆，注重体验的丰富和层次
实施要点	逐步展开的思路推进，让学生在明确写作要求的基础上完成写作
成果亮点	习作表现出学生关于亲情互动、学习过程和兴趣爱好的独特体验

初一的“六一”，是孩子们最后一个儿童节。语文课恰好要写一篇依托某个事物表达情感或思考的文章。一个问题出现在我的脑海中——

如果让你选择一个东西来表达你对童年的印象或感觉，你会选择什么？

我先是在办公室里询问了同事们的答案，发现老师们的答案主要是难忘的美食、家乡的山水；我又通过微信群搜集了家长们的答案，可谓五花八门，有趣极了。

我把搜集到的大人们的答案做成幻灯片，在课上提出问题之后，播放给学生们看。接下来，请学生们以小组为单位，跟同学分享一下自己想到了什么。如我所料，学生们的写作热情被调动了起来，教室里充满轻松欢乐的气氛。

我把完整的写作要求，放到幻灯片上——

“如果让你选择一个东西来表达你对童年的印象或感觉，你会选择什么？请你为它写一篇文章，表达你对童年的美好情感，题目自拟。”

回顾和反思是提升孩子体验的重要契机，他们从回忆中发现一个个闪亮的瞬间，也就写出了一篇篇有趣的作文。

妈妈的百宝箱

2025届5班　刘语歆

对于童年，大多数人想起的都是糖果、冰淇淋一类美好浪漫的东西，印象也总是温暖甜蜜的，然而，得益于我活泼好动的性格，我的童年是“惊心动魄”的。

上幼儿园时，我常常连跑带跳，但平衡能力着实堪忧。有一次，在幼儿园门口的大石头上，我和朋友争先恐后地向下跳。像是要证明自己的胆量似的，我用力向下一扑，随着一声巨响，我的膝盖也结结实实地撞到了地上，看着渗着血的膝盖，我迟钝地爆发出一声哭号。

妈妈立刻被哭声引过来，掏出酒精棉片，又从包里拿出创可贴。我愣愣地看看她“变”出各种东西，用完又收好，止住了哭泣。后来，随着我“活动”能力的日益增强，所谓“意外”也成了意料之中。摔倒之后的反应，从开始的号啕大哭，逐渐习以为常、淡定自若了。妈妈的“百宝箱”逐渐升级：一开始里面装的是酒精棉片，擦上去刺刺地痛，于是就换成了碘伏；原来小小的创可贴也换成了大一些的防水创可贴，上面还有不同的迪士尼公主图案。挑选创可贴成了我小小的快乐。

上了小学，妈妈的包更杂乱无章了。早上，忘记扎头发了，妈妈说：“你看看我包里。”果然，在夹层里，找到了一根粉色的皮筋。秋天，脸有点干，被风吹得生疼，妈妈说：“再看看包。”果然，在卡片下面，找到了一盒小小的面霜。妈妈的包里，到处都是惊喜。小小的我在大大的斜挎包里探险，翻开卡套，掀起便签，这里有小小的我的快乐。

时间流逝，我不再需要创可贴，也会记得扎头发，妈妈的包又整洁起来。不过我也不会再以翻动别人的包为乐了，因为这是不礼貌的行为，我知道。

可那些冒失的行动与奇怪的爱好并没消失，我仍期待着一次“百宝箱”里的探险，但我已经不满足于小小的斜挎包了，包里面的世界对我已经是过于贫瘠简单了，我渴望着更大的世界。

小时候微不足道的满足，在如今的我心中仍显得十分珍贵。但我长大了，总有一天我要收集更大的幸福，把它装进我的百宝箱。

点评

妈妈的包如同百宝箱一样，能找到孩子需要的所有东西。当孩子在妈妈的呵护下逐渐长大，学会了照顾自己之后，开始有了新的期待，对自己的期待——做一个像妈妈一样能带给别人幸福感的人。这篇文章以惊险小故事引出妈妈的包像个“百宝箱”，巧妙地展现了妈妈对孩子的细心呵护和爱意，结尾做了更有深度的升华。美中不足的是第一段没有提“包”。

毛笔下的童年

2025届5班　于大钧

我的童年是丰富多彩的，又是充满回忆的。有一件物品始终陪伴着我，那就是改变我一生的毛笔。

我伫立在书桌前，左手伏案，右手颤抖地举着毛笔，我的书法老师站在我的左侧，看着我在那儿呆立着。他讲道：“心平，手稳，意念正，注意呼吸，慢慢练习。”他那种多年习练书法积累的气度、姿态和风范，我都无比敬仰。但因为是第一次，而且写毛笔字的握笔姿势与写钢笔字截然不同，我非常难受。我尝试着控制好毛笔，不断琢磨着老师的指导，调整呼吸，手上的动作越来越稳，我逐渐恢复了自信。经过两个月的艰苦练习，我的字的笔画从一开始像心电图一样，变得也有了些力度了，这个进步使我很受鼓舞。但我目前也只能算作初窥门径，想要练习到像我摹写的《九成宫醴泉铭》上那样刚柔结合、瘦硬挺拔、有韧有刚的表现力和艺术性，还需要长期地练习下去。

在时间的推移中，我慢慢变得享受起来，我的字也以肉眼可见的速度进步着，在书法技艺增长的同时，我对我手中的毛笔越来越熟悉。初拿毛笔的时候，我完全控制不了它的走向，只能任由它横冲直撞，而随着我对毛笔控制的增强，我的心情渐渐变得稳重踏实，毛笔也成了我童年时期重要的伙伴。

那一根根狼毫，象征着童年的点点滴滴，当它们汇集在洁白的宣纸上，就成了我独特的童年。

点评

相信每一个孩子在回想起自己从小练就某种本领的过程时，都会有着复杂的滋味。本文的小作者对于书法练习的困难轻描淡写，在从生疏到熟练的过程中表达了自己的成长和体验。我看到了他在习得书法之外获得的其他成长。

盛夏蝉鸣

2025届5班　李允展

生机盎然的夏天，总能听到树上传来不间断的蝉鸣。我从未觉得这是刺耳的噪声，反而觉得这是我童年乐章的一部分。

因为蝉能羽化，我小时候认为蝉是神奇的，若是有机会得到那么几只，那我必定兴奋好一阵子。因为这种渴望，每到夏天，我总会和爸爸在傍晚时去公园寻找蝉的踪迹。

小时候我家附近的公园里有一排排参天的杨树，夜幕降临，我和爸爸便打着手电去照树，树干被照亮后便能看见一个个“知了猴”（也就是蝉的若虫）一动不动地趴在树干上，就像贝壳镶嵌在沙滩上。我以迅雷不及掩耳之势，一把抓住它，把它放进我准备好的容器里，一套动作行云流水。手心里握着“知了猴”，我如获至宝，走路都变得小心了，生怕把它丢了。我的另一只手里拿着几根树枝，因为我爸叫我带几根树枝回去，好让它能化成成虫。

到家后，我把蝉放到树枝上，好让它有着力点，能成功羽化。晚上我睡不着觉，一直守在阳台边等待着它羽化。终于到了那一刻，它的背部裂开一条小缝，先是头从这裂缝中探出来，紧接着它身体的其他部位也会从“旧衣”中钻出。刚钻出来的时候，它就好像要站起来一样。我大气都不敢喘，惊叹着大自然的神奇，这次我也真正知道了什么叫“金蝉脱壳”。这个很神奇的现象激发了我对昆虫的兴趣，就像一颗种子埋在我幼小的心灵中。

昆虫作为生物学第一大纲，其中有太多的奥秘等着我去探索。我让我妈买了昆虫的杂志，尽管小时候字还认不全，也会翻着杂志看图乐。后来我从《昆虫记》中知道了蝉的若虫要在地下潜伏很多年，而成虫期不过一个夏天。当时，我就觉得生命太伟大了。昆虫把我拉进了一个崭新的世界，所以我想了解更多昆虫的知识。

现在，我接触到了更多、更神奇的昆虫，家里也有许多形态各异的昆虫标本。现在我会觉得蝉的羽化只是很寻常的事情，并不是那么神秘。到七八月份的时候，我再次听见蝉鸣，便会想起当初那个对昆虫开始感兴趣的自己。现在，我加入了“自然之翼”这个大家庭，我在这里学到了更多专业知识。当初埋下的种子已经发芽，终有一日，它会成长为参天大树。

点评

有人说，兴趣是最好的老师。在这篇文章里，一个儿童以充满好奇和探索欲的眼睛，观察着夏日鸣蝉的变化，那种小心翼翼、神秘美好的体验感充满在字里行间。

第三篇 感悟

感悟，就是领会、理解、感受的能力，是一个人连贯思维能力和逻辑推理能力的体现，是一种善于对事物进行由表及里、由实及虚的融会贯通的思考和认识。感悟力，是学生写作中思维品质的更高层级。良好的感悟力，并不是悲春伤秋的多愁善感，而是在自身成长中，善于细心观察、用心体验，并形成自己的思考。

观察和体验帮我们实现了选材真实、内容丰富的目标，感悟则会让我们的作文主旨深刻、立意新颖。

有的学生在写作文的时候，叙述描写都很自然、很真实，但到了文章结尾忽然强行来一段名人名言或者看起来颇具哲理的议论，整篇文章看起来就像小孩子穿大人的鞋一样别扭。每次读到这样的文章，我都很心疼写作文的孩子。可以想见他需要多努力，才能搜肠刮肚地完成结尾的“升华”。大多时候，我都会找孩子面谈，肯定文章选材和描写中出彩的部分，然后在交谈中了解孩子对所写内容意义的真正认识，找到恰当的点切入进去，引导学生形成自己的思考，用恰当的议论、抒情表达出来。

当然，我们更希望孩子能够在具备了一定的感悟力后，在写作中自然而然地表达出思考和认识，不仅做到卒章显志，更要把感悟渗透在字里行间，这样才能写出一篇浑然天成的优秀作文。

为提升学生的感悟力，我们可以在作文教学中有意识地把握住能够让学生“恍然大悟”的机会，遇到有难度的话题时引导学生在发散思维中找到自己关注的焦点，更重要的是要在学生“不愤不启，不悱不发”时适时点拨，促进学生外察内省，深入思考。

一、在恍然大悟中获得感悟

学习简案

课型	围绕“老生常谈”般的经典话题，进行命题写作
学习重点	用作文题强化对学习和生活的正面理解，在写作中提升感悟能力
实施要点	在恰当的时间点，进行充分的调动，激发学生感悟力
成果亮点	学生的作品中，不仅有对“学习=享受”的理解，还有更深层的分析和思考

《学习 = 享受》，是语文特级教师魏书生老师给他的学生布置的作文题目。在一次报告中，魏老师说，每到高三，他都会让学生们每个月用这个题目写一篇作文，内容不可以重复。他的学生们一开始会

叫苦不迭——学习已经那么辛苦了，哪里来的享受？但写着写着，内容就会越来越丰富、思考也越来越深刻；慢慢地，孩子们真的体会到了学习的乐趣所在。

向前辈学习，我的每届学生到了初三，我都会跟他们讲——

我到现在都记得，初三时我的班主任曾经对我们说："孩子们，好好珍惜吧！现在是你人生中最美好的一段时光！"那时的我们嘻嘻哈哈，不以为然。现在蓦然回首，那段没有辉煌灯火却也灿烂的日子，让人怀念到心疼：黑板上的习题，作业本上的辅助线，操场上的奔跑……

抒情之后，我还会在黑板上写下推理——

∵学习 = 从阅读、听讲、研究、实践中获得知识或技能，

享受 = 物质上或精神上得到满足

∴学习 = 享受

当孩子们能在学习中恍然大悟，教育就发生了作用；当他们能把学习的领域从课本扩展到生活，并乐在其中，就向着成为自己而不断前进。

学习是享受

2019届3班　高雪

"大家看黑板，今天要讲的是……"上课铃响了，我拿出课本，开始听课。

不对呀，这道题我想不通！我紧皱着眉，卷子被我画得乱七八糟。我可以放弃吗？

"好了，大家做出来了吗？其实是这样的……"我抬起头，眼睛紧紧地盯着黑板，像是要把老师画的图给刻进脑海里一般。"这里可以加一条辅助线……"老师话音未落，我已经全明白了！

刷刷刷，我埋下头，用笔飞速地抄下了老师刚刚的话。看大家还没有写完，我又自己在心里默默回想了一遍这道题所用的基本图形，并抽空把完整过程一步步记在笔记本上，画了个大大的星号。

“下面，我们自己思考一道变式题，已知……”我听着讲解，手上的笔也没停歇，在老师读完题后，这道题的条件与图形已罗列在我的本子上了。我低下头，一个一个地分析每个条件或明确或隐含的重要信息，脑海里回想着刚刚老师用的方法与思路，一遍又一遍地对照。这道题与上一题相比更复杂，但条件几乎没变！我的脑子飞速运转着。抱着试一试的态度，我用颤抖的手把刚刚用到的图形标了出来。

就在那一刹那，我想通了！一种难言的激动充满内心。

手不由自主地停下，脸上的笑容也情不自禁地放大。我会了啊！我想了那么久，曾经那么不擅长的几何题，做出来了！我简直高兴得想哭。

以前我很怕数学，很怕几何，但现在不怕了，因为我明白，我是可以做到的。通过认真地听老师讲解，我也可以做得很好！我在那一刻特别满足。原来，自己费尽千辛万苦攻克难关的感觉是这么美好。

通过学习，我掌握了知识，同时，我也奋斗并快乐着、享受着。数学题是很难，集中精力去学习也很难；但从这以后，我开始享受听讲的乐趣，享受一道道复杂题目摆在面前被我一一解答的乐趣！学习，是享受！

点评

每次读到这篇文章，我总会情不自禁地跟着小作者一起激动。回想起自己在求学过程中，一次次恍然大悟的时刻。举一反三，在这篇文章里体现得淋漓尽致。而教育的意义，就如同小作者说的“自己费尽千辛万苦攻克难关的感觉是这么美好”。

学习是享受

2019届2班　乔治

“学习”这个词，其实涵盖面非常广。我不希望仅仅将学习局限在学校中、课本上。因为我所谓的“学习”就像一缕细风，没有轮廓，更没有终点。

“一个人决定不了所有，但你要学会一个人扛起所有。”汗珠顺着脸颊滚落，染湿了胸前的一大片衣服。两只篮球同时落下再反弹回我的手里，我腾不出手抹一把脸上的汗珠。两腿热得发烫，仍在一次次做变向急停。我知道，我的球技在一点点提高，这些提高真实反映在每一次对抗中。最终，看到球在空中划过一条漫长的弧线钻入篮筐，我举起三根手指庆祝。这一刻，我无比享受篮球，训练也变成了享受。但不为人知的是，我曾经并不享受篮球，因为我是从一个胖子瘦下来以后，才真正开始接触篮球的，在此之前打篮球对我来说是折磨。所以学习不一定是从始至终享受其中的，你首先要做到有能力、有条件，学习才会变成一种享受。

我爸爸热爱历史，也对中国地理了解颇丰，我对历史和地理的兴趣就是这样被点燃的。我们俩经常在家吃饭时就聊二战或中国近代的各种历史事件，有时甚至还会争执不下，只得转移话题。所以我会把和爸爸遇到的问题留到课上，带着自己的观点听老师讲课，在这种自然的学习过程中，主动获取知识也就成了享受。

“读万卷书，行万里路”，旅行也是一种令人享受的学习。我的足迹已经遍布一些发达国家，在这些过程中，从眼界到认识的提升都是无形的学习。在旅行中的一些参观体验必然也是身心的享受。

学习本身可能索然无味，但学习的过程、方式、环境以及你赋予它的意义和目的，会使学习变成一种享受。它是富有弹性的。

总之，学习是享受，前提你要爱它、爱自己。

点评

这篇文章，体现出一个孩子在广泛的学习中获得的深刻感悟。享受学习先要做到有能力、有条件，而这能力和条件来自勤奋与坚韧；还要做到主动获取知识，而这主动源于生活中最自然的好奇心。爱自己也爱学习，不就是青春最好的模样？

二、在发散思维中获得感悟

学习简案

课型	基于大单元整体教学，在阅读学习基础上提升发散性思维的随笔写作
学习重点	将“科学”这一与生活相对较远的主题作为阅读、讨论和写作对象，进行自主写作
实施要点	课堂的充分讨论，为写作奠定了基础；头脑风暴带来的思路拓展，激发了学生的感悟
成果亮点	将对抽象概念的感悟，具象化地表达出来，体现出学生思维逻辑的严密

我们曾经学习过一个主题为“关注科学”的单元。备课的时候，我和同事们觉得，不能仅仅满足于讲课文，大家提出“什么是科学”“语文课的科学怎么教”等一系列问题。大家热火朝天地梳理思

路的热情，点燃了我对科学的兴趣，也鼓励着我继续前行。

我和我的学生们一起踏上了科学之旅。

课堂上，同学们浏览了“关注科学”单元的课文，然后用关键词和思维导图的方式呈现出了他们对科学的理解。孩子们讨论得非常激烈，当我请他们以“科学”为话题写一篇随笔时，所有人都欢呼起来……

这次随笔的选材丰富多彩。有人介绍自己最喜欢的科学家，从他们的伟大成果中看到科学的魅力；有人写自己心目中最了不起的科学发明，从这些发明带来的变化中看到科学的力量；有人介绍自己身边从事科学工作的亲人朋友，表达对默默无闻的他们的理解与敬佩；还有人写自己的科学经历，传达在动手实践的过程中，走进科学殿堂的美妙；还有一些在探讨“科学是什么”的命题，我仿佛看到他们凝神思索的专注，下笔如飞的畅快。

这一切，让我看到了科学在孩子们的脑海中闪动着的灵睿的光芒。

这样的一次学习过程：从科学一词出发，衍生出孩子们头脑中各种与之相关的关键词以及它们之间的关系；通过有逻辑的讨论交流，形成丰富合理的思维导图；然后再发散开去，选择具体的例子来阐释自己对科学的理解。这一切的发生，都和理解与表达密不可分，这就是语文学科的意义——唯有能被理解的表达，才有意义。

我心中最伟大的科技发明

2019届3班　罗锦易

自人类出现以来，聪慧的前人有许多伟大的发明，如蒸汽机、电灯泡、汽车等。如果要我从中选出一个我认为最伟大、最有意义的发明，我想我会毫不犹豫地选择古代中国“四大发明”之一的指南针。

指南针，又称司南、罗盘，是一种用地球磁场来辨别方向的古代中国科技。它的确切发明时间与发明者已无从考察，流传最广的一种说法是轩辕黄帝大战蚩尤时就已经发明“指南车”，后在春秋时期的新郑人手里演变为勺状的“司南”。古人把一根磁针或磁勺装在轴上，使它在天然地磁场的作用下可自由旋转并保持在磁子午线的切线方向上。那么看完这些资料，有些人就要问了：这个发明虽然古老，但只能用来指路，谈何伟大呢？好，我就来解释一下它在我心中为什么伟大。

首先，它的出现代表着它的发明者已经发现并掌握了磁的知识与特性。指南车、司南等物在两三千年前的中国就已经出现了，这说明了我们中华民族的祖先有着很高的智慧与创造力，使我们的民族自豪感进一步提升。这是从知识积累方面的作用来说的。

其次，如果从指南针的实质作用来说的话，它还促进了人类沟通、发展与探索的脚步。为什么这样说呢？我们就拿丝绸之路来举个例子吧。丝绸之路促进了欧亚文化的沟通与发展，而张骞在探路时，指南针能使他不迷失方向，到达目的地，完成探索。而其他的探险家也都是这样。

人类文明的发展从一个个小部落发展成现在的“地球村”，与探索是脱离不开关系的，而探索又离不开它的好伙伴——指南针。

以上便是我心中认为指南针这个小巧却又意义深远的发明伟大的原因。当然，世界上还有许多其他伟大的发明，但其中大部分都是人们聚集起来后“聚万众之智”发明的，而使人们聚集、团结起来的重要工具还是指南针。

点评

小作者从科学原理、民族精神、知识积累、实质作用和推动发展等方面，陈述了自己将指南针归为最伟大的发明的原因。这位思维严谨、表达清晰的孩子，现在就读于北京大学元培学院。前几天我在校园里遇到他，依然是一副谦和又认真的模样。二十多年的教育经验告诉我，真正能成为自驱型人才的孩子，在初中阶段，就已经展现出温和又理性的性格特点了。

“肥宅欢乐水”的妙用

2019届2班　李铭玥

科学在生活中无处不在。

我曾经在网上看到过“用可乐去铁锈”这样一篇帖子。这让我激动不已，我用来削笔的刀子生锈了。正好，既可以证实帖子的真实性，又可以让我对科学有新的认知。

按照帖子上说的，我先找了一个盆，然后将准备好的可乐倒进盆中，再把刀片放进盆里泡着，最后就是等待了。

望着盆里“哗啦啦”向上冒的气泡和生锈的刀片，我不禁皱了皱眉头，“不会是假的吧？”

一分钟，两分钟，三分钟……时间一分一秒地流逝，而盆中生锈的刀片却没有丝毫的变化。我开始不耐烦了。

就这样，可乐的气泡不断往上冒，但我的心却渐渐沉到了谷底，“都是骗人的！”

一个小时过后，我偶然走到盆边，却惊讶地发现刀刃上的铁锈竟然神秘消失了！透过焦糖色的可乐，我看见了反光，刀刃上的反光。我没看错！刀片在灯光下闪着银白色的光，仿佛在冲我微笑，对我说：“坚持就是胜利。”

对于我这个“好奇宝宝”来说，不找到原因我是不会善罢甘休的。

可乐为什么可以清除铁锈呢?

可乐是一种碳酸饮料，它里面所含的碳酸可以溶解金属。《小屁孩日记》中，主人公格雷就曾经看到过医生将拔掉的牙放进可乐里泡着，一段时间后，牙竟然被可乐腐蚀掉了，一点渣都没剩！对可乐来说，铁锈什么的都是小意思。

当然，可乐也不是只有坏处。如果你喉咙里卡了鱼刺的话，喝可乐可以帮助你消灭鱼刺；可乐也能促进消化，它可以帮助胃液溶解掉你吃掉的食物。

任何东西都有利有弊，我们需要正确地利用我们身边的科学知识来帮助自己。

点评

这篇关于“肥宅欢乐水”的实验文章，真的太有趣了！闪着光的刀片、一点渣都不剩的牙齿，科学的神奇就这么轻松地进入了我们的生活。作者通过自己的实践和思考，写出了科学在生活中的重要性和应用价值。

三、在愤悱启发中获得感悟

学习简案	
课型	在现实生活中捕捉“灵感”，引导学生通过随笔写作，提升对生活的敏感度，产生更为深刻的理解和表达
学习重点	学会在“无趣”的生活中寻找“有趣”的风景，并通过写景来表达自己的感悟
实施要点	鼓励学生勇敢真诚地表达自己独特的感受
成果亮点	静下心来，关注到那些“被忽略”的风景，也能看到自己内心的力量

对于孩子来说，写景可能是写作中的一个难题。之所以难，很多时候是因为孩子们总会在开始作文时就已经被“套路”了。似乎写景就应该是“春有百花秋有月，夏有凉风冬有雪”。可是，身边的风景

真的是这样的吗？我真心觉得，只有自己用心看到的，才是真实的风景。所以我会寻找机会，启发孩子们睁开“慧眼”，看到属于自己的景色。

当我被种种原因困在家的时候，常常趴在窗口看对面的酒店，数数有几个亮起灯光的窗口。看着看着，心里的焦躁仿佛慢慢散去，再回过头来面对生活时，似乎有了更多的力量。

我若有所悟。

周五快要下课的时候，我在屏幕上打下一行字：亲爱的，窗外没有别人，只有你自己！

这是“锚定效应”，是心理学里非常有名的一种心理现象，意思是我们看到的、关注的外部世界，往往是我们内心的投射。而这周的随笔，就是请孩子们至少三次到窗口去看看外面的一切，把自己的所思所悟写出来。

未来的生活，有希望也有风浪，作为教育者，我们无须给孩子们太多的说教。用心点亮一盏灯塔，孩子们就能在迷茫中找到方向。

窗外

2022届17班　赵月阳

我书桌的位置靠窗。每每抬起头，不经意一瞥，窗外的景物就带着我的思绪飞扬。

窗外有一棵树，恰巧挡住了我的视线。每伏案学习一段时间后，我都要眺望远方，树的尽头就是我目光所及的远方。

入冬了，树叶大抵不是黄了就是落了。

窗外的那棵树虽依旧执着地渲染出大片大片的深绿，但也零零星星地沾了些黄，就像是在铺满了深绿的画布上溅上了斑驳的黄色颜料。几片枯黄的树叶上点缀着深灰或黑色的斑点，让人不免觉得这叶子上也有了几分沧桑。“沙……沙……”一阵大风刮过，风携着几片带着枯黄斑点的、执拗着不肯下落的绿色叶子，离开了树那不粗壮但极舒展的枝干。我不由得生出几分怜悯。

我站起来打开窗子。

窗外本极遥远的风声，陡然接近了许多。风猛地打到了脸上。树枝摆动着，风仿佛在对树进行着考验。叶子穿过窗外的铁栅栏，“啪”地打到了纱窗上，把手放上去，隔着纱窗触碰被风拍打的树叶。“沙……沙……沙……”叶子随着风转了个圈，飞走了，空留下了一片这种树木特有的清香。斑驳的树影愈发稀疏了。

再来一阵风，树上的叶子就更少了，我望着窗外出神地想着。

树叶更新迭代，树枝顽强挺立。在冬天彻底枯死的树木所在的位置，春天会栽上一棵新的。如果我不在最该努力的年华拼搏向上，等脱离了家长的保护后，可能留给自己的命运也只剩下被别人取代，被社会淘汰。

我不再望向窗外，不再走神，收回了目光。

打开作业本，看了眼上面的题后，我的目光又移向窗外，目光继续驰骋着，思绪飞扬。

点评

一棵树的四季，再普通不过，但在一个努力奋斗的孩子眼里，却诉说着生存法则。初中生的作文写出这个境界已是不易，我看了她的文章，有些心疼，但狠下心来想，这些也是每个孩子要面对的吧。

窗外

2022届8班　吴林泽

我家住在西站不远处的一栋高楼上，看不到花木茂盛的园圃，也看不到小伙伴玩耍的场景，看到的只有那不远处一辆辆火车呼啸而过。尽管已经很久没有留心过了，但它依旧是我儿时记忆中，不可磨灭的几颗“恒星”之一。

小时候，我一直以为火车就像是一颗发亮的星星，奔驰在漆黑的深夜里，在自己的轨道上散发着微弱的光。它给回家的人们带来了希望，为所有在黑暗中奔波的人们指引了前进的方向。我时常迷恋于那来回往返的“白光”，每到夜深人静的时候，都会静下心来，让自己的思绪同那道“白光”一起，消失在黑夜的尽头。看到渐行渐远、逐渐变得模糊不清的车尾，我也不觉得孤单，因为我知道，下一道“白光”就快要来了。

小时候，我一直以为火车就像是不知疲倦的候鸟，唱着古老的歌谣，一次又一次地漂泊在路上。我不知道它要去哪里，也不知道它为什么要行至远方，我能做的，只有一次次目送着它们离开，一次次注视着它们归来。尽管“它们”可能已经不是它们了，但那一次次的重逢，却让我感到亲切万分。

小时候，我一直以为火车就像一条巨龙，一眼望不到头，一眼也望不到尾。我时常想要弄清楚这条“巨龙”究竟有多长，可每到关键时刻，姥姥都会督促我睡觉，让我一次又一次的念想，最终落了个空。不过我也不生气，也不气馁，因为我知道，留给我们的时间还很长。

可我始终也没有想到，时间终究让我淡忘了很多事情，好像从初中起，我就再也没有静下心来看过如此美妙的夜景了，不过，幸运的是，今天我又想起来了。

再次走到窗前，望向有些陌生的窗外，却又感受到了无比的熟悉。原先还未完工的几栋大楼，也不知道什么时候，成为窗前美景的一部分，而西站依旧在皎洁的月光下散发出淡金的光芒。要说唯一遗憾的，便是火车像是闹了脾气似的，一辆也没有看见。

点评

文章从描述火车的美景一下子跌入了对窗外景象的陌生感的表达，让人为火车的消失感到遗憾。如果不是为了完成这次写作，小作者可能想不起曾经如此细腻、想象如此丰富的“小时候”了。好在他还没忘记，我相信他会一直记得。

第四篇 学校

每个孩子的成长，都会被尊重——因为老师懂得轻重缓急的步点都是自然成长的节奏，我们一边欣赏一边护航。

很多人把北大附中称为“大泥湾魔法学校”。网上的很多宣传都是关于高中“书院”的，其实作为“魔法”人才培养计划的基础部——初中部，也是有着超级“魔法”的神奇所在。

“魔法”究竟是怎样发生的？让我们细细道来——

哈利·波特接到的霍格沃茨魔法学校入学通知书上，写着要带许多东西，比如一支魔杖、一口大锅、一套玻璃或水晶小药瓶、一副望远镜和一台黄铜天平。

就在我向学生请教哈利的这套物品清单的时候，有个小女孩说：“这怎么跟中药那么像？又是称药、又是煎药的……”哎——她的话就仿佛小魔女的神奇咒语，一下子点醒了我！

古老而神奇的中医，既能救命悬一线之危机，又能化初见端倪之未病。至于，是配伍、组方内调，还是针灸、拔罐外治，要以“望、闻、问、切”之四法，定一人、一时、一事、一方。医者须细细观察患者，边诊边疗边调方；患者须常常告知医者，有何感觉与改善。要取得更好的疗效，医者和患者之间还要建立良好的沟通关系，患者信任医者，医者了解患者，交流顺畅，才能药到病除。

孩子们不是患者，但他们的成长路上有未知的问题和困难；老师也不是医者，但一样有着跟医者般“悲天悯人”的情怀。而成长和教育恰好也需要一人、一时、一事、一方。作为老师，我每天都在观察、聆听、询问、分析……寻找着各种合适的方法去实现春风化雨般的教育。

我一直在想，北大附中的魔力究竟何在？当我写下上面这段话时顿悟了——

北大附中的每个孩子，都会被看见——学校有各种各样的平台为孩子提供展示的机会，让孩子看见自己，也被别人看见；每个孩子的成长，都会被尊重——因为老师懂得轻重缓急的步点都是自然成长的节奏，我们一边欣赏一边护航。只有看得到自己，按照自己的节奏前进的人，才能在青春岁月中获得十足的自信乐观与勇敢坚定。而这恰恰是每个孩子长大之后独自面对生活时最好的魔法！就如同霍格沃茨不仅让麻瓜出身的赫敏熠熠生辉，也让懦弱的纳威最终成长为英雄！

我就是众多这样的孩子中的一员。少年时在北大附中学习生活的经历，现在回想起来依然鲜活精彩；而当下我的努力，就是为了给孩子们留下同样的青春。

一、老师竟然教这些

学习简案	
课型	以老师为主人公，侧重选材与描写的命题作文训练
学习重点	跳出对老师模式化的描写，强调在真实生活中选材的重要意义。学会写出人物个性，要在描写中突出写作者的体验和感悟
实施要点	鼓励、引导学生发现日常学习生活中的小事、细节，体现人物个性
成果亮点	写出了老师的独特之处，表达出了写作者的真挚情感

如同霍格沃斯拥有诸多个性鲜明的魔法老师一样，北大附中的老师们也都身怀绝技。

我到现在都记得，在我上学的时候——二十世纪九十年代初，我们的老师就很神奇。他们不仅能把繁重的学习内容精简到让学生学得轻松快乐又有效，还能开设各种别的学校没有的课程，让我们掌握很多生活的本领。

那时候有位教几何的老师，每天都穿着一样的蓝色工服，挥着三角板慢慢走进教室，在同学们喧闹中，用工整的楷体字在黑板上写上四道题，画上四幅精准的图，然后拍拍手上的粉笔灰，等待上课铃响。待到铃响，我们各自归位，老师开始用不急不缓的声音讲起来。他的背微驼，但整个人的精神是向上的。我们跟着他，解开了一道道的难题。下课的时候，他会给我们留四道题的作业，总是四道，不多不少。当我做不出题的时候，去办公室找他，老师就会微微一笑，拿起一支铅笔在我的作业本上添一条辅助线，然后看着我。而我则会恍然大悟，被老师成功地点化。

那时，我们还有劳动课，要学绣手绢、踩缝纫机、修自行车、敲打字机，还有——我们要在老师的指导下电焊一个电子门铃！老师还在前面讲解着安全注意事项，我旁边的淘气男生已经把自己的手指头“焊”出了烤肉的味道。疼痛使得他发出了比门铃还刺耳的尖叫声，而老师非常淡定地拿出了碘酒、药棉和纱布，迅速而熟练地给他包扎好后，继续指导我们按规则完成任务。这个任务要花上几节课的时间，每当有人焊好所有电路，就会拿去找老师接上电源检验是否成功——当“鞋儿破、帽儿破”“十五的月亮，照在家乡照在边关”和“敢问路在何方”的音乐声频频响起的时候，我们的自信爆棚！

我们还要比比画画地量尺寸、画草图，学着做裁缝。那时候我是个小胖子，偏偏老师还叫我去当“模特”。她一边拿着个尺子量来量去，一边絮絮叨叨地说着“这个孩子比例有点……”，在我的尴尬中记下一堆数据。然后，全班同学闹哄哄地，把废旧报纸拼粘起来当布使，互相量好尺寸记下来。在老师的指导下，进行复杂的计算、绘制和剪裁，完成自己的作品。我的模特是个瘦子，当我洋洋得意地捧着我做好的成品去给老师显摆的时候，她毫不留情一针见血地说：“你这哪里是裤子？门口的银杏树都穿不上！”

成功或者失败，都没有那么重要。但老师们给孩子们留下的对知识的好奇和对生活的热爱，成了他们身上最好的魔法——化挫折为动力、化枯燥为美妙。

那么，作为新一代“魔法教师”的我们，在学生的眼中又是怎样的存在呢？我的描写人物作文课设置了把老师当模特进行描写的题目，一起来看看他们眼中的老师吧！

这位老师让我感动

2025届4班　汪其臻

这位老师现在坐在讲桌旁，低着头，短发垂在耳侧，飞快地一本本翻阅着我们的作业。她有张加菲猫般圆圆的脸，四十多岁，戴着副框架眼镜，她就是史老师。

其实，最开始的时候，我有些怕她，尤其是她站在教室前，面无表情地数了几张试卷，轻飘飘地落在桌子上，再漫不经心地抬头扫一眼时，恰似尊贵的猫主子在展现她的威严。

但大部分时候她又像个孩童。在学生问出令人哭笑不得的问题时，她前倾着身子，高高扬起眉，睁大了眼睛，微微张嘴，像谈起某个恐怖片似的把手捂在胸前，装模作样地翻着白眼，嘴拉成长条形：“噗——好可怕！”随即，那些精妙的词语在她嘴里打了个转，在“嘿嘿”的笑声里被她抛出，我们可以趴在桌上大笑，也可以下一秒被拉回书本。

总的来说，她绝不是个严厉的人，她的严肃只出现在需要的时候。我仍记得，有一次她谈起我们班某位同学的作文，那位同学无所谓地挠挠头，她重重地把书本往桌上一放，压低了眉毛，拨通了那位同学家长的电话，声音陡然高了起来：“您孩子现在这个情况，我们不能一味否定，孩子说没有可写的，那我们就要带他寻找，您不管，我来管！”她把手机一放，缓了几口气，对着那位同学瞪起眼：“下课来找我面批！”我无比讶异于这位老师竟会以如此直白的方式与家长沟通。那节课最后如何，我记不清了。但她的怒气在那句话后便烟消云散，似乎那只是一节普通的语文课。

在学习《邓稼先》时，她站在那光影变幻的屏幕前——为了看清屏幕，教室拉上了窗帘，在昏暗里，她的声音字字清晰：“我要让我的学生都记住，有位英雄叫邓稼先！”我说不清是纪录片里的艰苦岁月还是她庄严的姿态更令我震撼，在昏沉的光线里，口号不再作为口号而存在。

史老师不是个苗条的人，但她是个想得开的人，人们说心宽体胖。她能用聊天的口吻告诉我们她大学时遇到的尴尬，谈起她在父亲去世、母亲被车撞伤时的悲伤。我想那些情感并非消失了，它们只是换了种形式，在生活中以更坚强的形式存在，就像她每天早上在群里给我们分享的文章，朋友圈里的几段日常，还有每次面批时实事求是的关怀。她说上学时遇到过一位很好的老师，她想成为老师那样的人。我想她做到了。

她如她所说一般，以一朵温柔又沉重的云，拂动了我的云海。

她为她的班取名为“向阳吾班”。寓意是：在历经寒冬后，花朵们于冻土中绽放，以最从容的姿态，面朝阳光，春暖花开。

点评

我特别感谢这个女孩，能理解我每个自然而然的教育行为背后的用意。尤其是在课堂上给家长发微信的一幕，作为一名很“卷”的老师，我还真是不太能接受孩子的莫名躺平。努力奋斗的意义，并不在于对好成绩的追求。在我看来，人是要有一点“精神头”的，所以，“您不管，我来管！”当然，我们必须承认，孩子的成长过程中，他自己和家庭起到的作用才是最主要的，而我所做的一切，也不仅仅是为了这一个孩子。果然，旁观的女孩读懂了我看似严厉外表下柔软的苦心。

她说得对，我希望自己能够像我曾经遇到过的老师们那样，不动声色地把认真、乐观和坚强传递给孩子们……

“以一朵温柔又沉重的云，拂动了我的云海”，这是来自孩子最大的褒奖。

这样的老师让我敬佩

2025届4班　侯舒婷

在学生们的心目中老师是什么样的呢？是严厉的？还是温柔的？在我的心目中，我所敬佩的老师是自信的、负责的。圆圆的脑袋，短短的头发，总是戴着一架椭圆形镜片的白色眼镜。面对我们，她常常挂着笑脸，十分“可爱”。

每句话从她的口中说出都是那么有趣，她就是我的语文老师——史笑菲。

开学第一天，史老师向我们介绍着自己。“史”这个姓氏难免会让人“异想天开”，我好奇，这位老师将如何介绍她的姓氏，是历史的“史”？还是史学的“史”？但她却说：“是‘史努比’的‘史’。”这使我非常惊讶，惊讶于她可爱开朗的一面。但接下来她的话语，我至今记忆犹新，甚至永远也不会忘记——

她介绍着自己的微信名：丑小鸭菲菲。我诧异于她对自己的称呼——“丑小鸭”，她毫不介意地说着自己的身材与年少时的模样，毫不掩饰地袒露着自己的缺点。在这个重视外貌的社会中，“身材”往往是许多微胖女生最在意、最不愿提及的东西，这可能是困扰她们很长一段时间的敏感话题。但在我眼前的这位老师却是自信的，这一刻她仿佛散发着光芒，她告诉我们：“不要太在意他人对你的评价，你只要做好你自己，你就是你。”这句话深深打动了我，因为自己不整齐的牙齿、矮小的身材，青春期的我常常怀疑自己，甚至会因为他人一句随意的评价焦虑很久。那时我是自卑的，走路都不敢挺起胸膛。

史老师是我最敬佩的老师，也是我最想感谢的老师。她的话语使我变得自信，使我更加自由，不再被他人的话语困扰。

在这世上每个人都是独一无二的个体，所以你就是你自己。

在我们有困难时开导我们，给我们带来正确的思想，使我们成为更好的自己，这就是我所敬佩的老师——史笑菲。

点评

这个孩子并不知道，四十二岁以前的我，一直是个胖子，从少年时代起，我就因为胖而不自信。即使是现在，我内心依然害怕被别人笑话胖。上学的时候，作为生活委员和语文课代表的我，被老师和同学肯定、鼓励，慢慢学会了面对不完美的自己。而这一次之所以减肥成功了，其实是为了健康（如果不减肥，我可能会得糖尿病）——我想陪儿子的日子久一点。成功瘦下来并坚持身材管理，真的使我获得了更多的自信。

有人说过，自嘲是最大的自信。能在我的课上把自信传递给孩子们，并在他们的作文中看到了反馈，这让我更加自信。

这位老师让我感激不尽

2025届5班　张家琪

她有一头蓬松的黑头发，偶尔别着两个猫耳朵。她喜欢穿着宽松的衣服，时而灰调休闲装，时而卡通装。那双大大的眼睛里透着冷静，还有对学生满满的爱。

她，就是我们敬爱的史老师。

史老师已教书二十余年，桃李满天下。她的课像一篇篇故事，听着听着就听完了，学到了。史老师完全可以称为学识渊博、幽默可爱。对呀，一个自称为“丑小鸭”的老师谁不爱呢？

不过史老师的脸上也不一直是“一片晴空”。有一次作文发下来了，我兴高采烈地去看分，没想到是鲜红的“5-”和“面谈”。我愣住了，随即忐忑地去了办公室。老师看到我，放下了手头的事，转身拿了她事先摆在台面上的我的作文本，语重心长地说：“你看，从你的作文能看出词汇量不够，语句不顺，还是要多读书呀！每天坚持，定有收获。”我点了点头，说：“好！”

时间不等人。答应老师多读书这件事又被我耽误了。一周后的中午，我吃完饭回到班，发现史老师就在班里等我，她严肃地说：“张家琪，我让你读的书你读了吗？”我避开了她那双隔着眼镜也好像能洞察一切的眼睛，羞愧地摇了摇头。随后史老师问了下我的事情多不多，最后说：“你不读书，作文我帮不了你。”就这样，我才真正重视起读书这件事。

晚上，我妈妈告诉我，史老师跟她聊了聊。我彻底绷不住了，哭了起来。我从来没有被老师因为学习找过家长，也从没有被批评过……当时为什么哭，哭什么，我始终想不明白。但我现在想清楚了一件事，就是一个老师一而再，再而三提醒你，一定是出于她对你的严格要求与真挚的爱！

谢谢您，是您让我明白了读书的重要；谢谢您，是您培养了我面对批评时该有的勇气；谢谢您，是您让我体会到了一个好老师的担当！我想您践行了“不为什么，只为你是我的学生”那句话吧，那我想说，做您的学生，是我莫大的荣幸！

点评

明察秋毫，源于对每个孩子成长状态了如指掌。我之所以能发现小作者没有读书，是因为她的写作在用词和谋篇上毫无起色。

一针见血，是出于对每个孩子成长进步的点滴责任。我之所以毫不客气地指出她的问题所在，是因为确信只要读书，她就能写出像这篇文章一样充满情感和思考的好文章。

这位老师让我敬佩

2025届5班　韩静姝

铃声悠扬地响起，一个小巧的身影大步流星地走向讲台。她有一头棕色卷发，干练地扎在后脑勺，左手握一支电容笔，右手夹着书本，转向我们，露出一个灿烂的笑。

她就是最让我敬佩的老师——英语老师刘璐。

“同学们把手册拿出来，今天我们又要进行Fun Grammar的学习了……”刘老师清朗的声音回荡在教室内，四周一片“哗啦啦”的翻书声。我左看看、右看看，一股寒意涌上心头——我忘带学习手册了。不等我多想，刘老师迈着大步向我这边走来，我赶紧从书包中扯出课本“滥竽充数”。

刘老师走近了，近了，快过去了，突然，她停住了脚步。“静姝，你怎么又没有带手册呀？已经第三次了哦，我记着呢！”刘老师的声音很小，小到只有我能听见，却又震耳欲聋。“我……下次一定带……”我支支吾吾道，心中似有万马奔腾，想不到前两次的事也都被老师记在心上，刘老师的记性居然这么好。

我满心愧疚地上了一节课后，刘老师又找了我，笑容满面地鼓励我：“静姝的作文有很大的进步呀！记得以前是六七分的，这学期刚开始就得了两个九分。”老师的眼睛笑得弯弯如月牙，“继续加油哦！”我在被老师赞扬的欢喜中满是惊讶，脱口而出：“老师，您的记性怎么这么好呀？”可刘老师笑了笑，没有回答。

嗯，刘老师的记性是超乎常人的，我一直都那么想，直到那一天……

那天，刘老师告诉我们要在群里发送一份资料，要我们打印出来完成。我们刚回到家，资料便出现在了班级群中。

第二天下课前，刘老师竟没有要求上交作业，而是从电脑包中抽出一沓纸，发到我们手中。我们一看，瞬间炸开了锅。“这不是昨天的作业吗？”同学们疑惑地发问。刘老师愣住了，赶紧打开手机看到昨天群中的任务布置才回忆起来。刘老师的好记性怎么失灵了呢？

我陷入沉思……

我好像明白了：刘老师所拥有的不是什么好记性，而是一份厚重的责任心。因为刘老师的责任心，她记住了我的上课状态，记住了我的作业质量，记住了我的每一次成绩！

点评

提笔有词可写，这种好状态源自平时的观察，老师在观察学生的时候，学生们也在观察老师。而老师超乎常人的记性，来自厚重的责任心。放低的声音，来自对孩子的悉心呵护。这些点滴细节，孩子们都接收到了，所以作文也“言之有情”。

这样的老师让我佩服

2025届5班　张可瑶

打开历史书，就像开了房门，里面密密麻麻的字构成了一间充满痛苦的房子，让人不敢接近，而张老师的出现，让复杂的内容变得有序，让那间房子重新富有生机。

张老师平时会化些淡妆，头发也编得非常精致，不过这些都没有她讲课时的欢乐有吸引力。有个同学问：“当时男子都出去修建长城了，女子为什么不在家里干农活呢？”瞬间，老师的瞳孔猛地一缩，眼底带着一缕诧异，目光中闪过几丝震惊，难以置信地凝视着他，终于开口大声说道：“我都不敢相信你会问出这样的问题。古代女子忙内务啊，男子才干农活！”说完就畅声大笑，露出两颗虎牙，随即又把头埋进胳膊里许久。抬起头，她又补充一句：“你简直比隋炀帝还要残暴！”周围腾起一片笑声，在教室回响。

“啊，他的‘好大儿’又开始干事了，他啊……妻子死了，儿子又背叛他自立为王了，你说他自然就是太上皇了吧，但他如果不认，就什么都没有了……”这是张老师讲一张历史地图时讲的故事，让我沉浸其中，感受到那种难以言说的无奈和悲哀的情感，脑海里已绘制出这位历史人物在地图上行进的路线，默默随着他的轨迹前进。同学们听得都很入迷。老师绘声绘色还带些幽默感的话语萦绕耳边，声音停止，大家才意识到该在书上画下重点。当我再次翻开书，眼前的文字活灵活现，似乎经过了山路的蜿蜒曲折，顺着山间的小溪缓缓流淌，轻松地到达广阔无垠的平原，此后便豁然开朗，如履平地。

张老师的课永远不会沉寂，永远都欢声笑语，在简单易懂的话中透着深刻。

点评

语文老师的乐趣之一就是能在作文中看到许多人的“真面目”。小作者把历史老师的“厉害”之处描写得形象生动，运用了动作、对话以及外貌与性格的反差等描写方式。个别词语可能不是十分准确，但她笔下的历史老师太厉害了！能让原本充满痛苦、让人不敢接近的房子变成广阔无垠、令人豁然开朗的平原。这真是化腐朽为神奇啊！

二、同学之间能够学什么

学习简案	
课型	以同学为主人公，系列化写人的随笔作文
学习重点	在日常学习生活中，观察同学通过恰当的选材，生动的描写表现出人物性格特点
实施要点	确定写作对象时，要从“素材丰富”的开始选起，逐步提升难度
成果亮点	提升学生在日常生活中选材的能力，并在同题比较中，品味选材的表现力的优劣

“我们眼中的我们”，是我和每届孩子们的经典作文活动，也是我们的作文课最有趣的部分之一。

经过初一一年的朝夕相处，同班同学之间的友谊小船已经基本造好了。我们需要来增强一下小船的坚固程度，以抵抗未来可能出现的风浪。

从初二第一学期开始，每周一，老师会听从“魔法棒”的建议，从每个班选出一男一女两个学生作为本周随笔的主人公。全班孩子要在这两名同学中选择一位作为写作对象，通过回忆往事或即时观察，确定写作的内容，并通过完整的叙述、生动的描写和恰当的抒情、议论，为他（她）写一篇文章。我会在下一周收集批阅完这些随笔后，再交给被写的孩子，请他们为同学写下自己的评语和感受。

“魔法棒”一般先把班里最活泼外向的孩子选出来，毕竟要对他们进行描写刻画，有许多可以选择的素材。只要真实生动地还原他们身上发生过的事情，就已经有足够的“故事感”。这样一来，会让这项长达几个月的写作“拉力赛”有个热闹而丰富的开始。

接下来，那些班委或者课代表会成为大家笔下的红人。同学们会自然而然地看到他们为他人和集体做的那些事，而这些被写到的孩子，也会从同学们对自己真挚而细腻的描写中，接收到理解和支持。

一般情况下，那些平时稳稳当当的孩子，在这次活动中，会成为“比较难写”的对象。以往的学习生活中，这些孩子习惯于做个“小透明”，而我们的这个活动，就是请他们走到聚光灯下。一开始我还比较担心这些孩子会不自在，但当他们真的成为被关注的对象之后，我惊喜地发现，在这样一场“生活写作”中，孩子们的自信增强了，个性得以展现。

每到这个阶段，我就仿佛看到了孩子们挥动着各自与众不同的“魔法棒”，把学校生活展示得美好而浪漫。他们在老师看得见或者看不见的地方，彼此观察，发现着彼此身上大大小小的闪光点，然后精挑细选，慎重落笔，留下最好的青春纪念。

孩子曾经用这样的文字来评价这个写作项目的意义——

“我们”是什么？我们都是具有自己的色彩、自己的形状的个体；而我们三十四个人一起是在相识与相知、争吵与和解后搭成的一幅独一无二的画卷。这幅画卷可以让我们每一个个体的颜色、形状被清晰地看到；同时也可以让每一个个体清晰地看到自己的样子。这也是我认为以“我们”为题的这个随笔活动的最大意义——给予我们一个告诉别人自己是谁的机会，一个从别人那里认识自己的平台。

收到同学写我的文章后，细腻的笔触、动人的文字深深地触动了我，更让我认识到了一个更完整的“自己”。让我知道原来细微到“借餐具”这样的小事也能给别人留下淡淡的温暖；很久以前说过的一段话竟能在别人心里成为难忘的记忆。

我们常说一个词——良师益友。对我而言，同学们的文字不仅是“良师亦益友”，更是“益友亦良师”。有一个指点自己的朋友就如同有一个博学多才的老师一样，会让你发现更全面的自己。就像“我们眼中的我们”这个活动想要带给我们的一样，让每个人在众多“益友”的指导下，成为更好的自己，也让我们成为更好的“我们”。

——2022届2班　王天予

疯矣乎

2019届3班　夏商周

如果文字不能用来讲故事的话，那必然是一种遗憾。而关于我们班“寇文灵”的文字没有遗憾，那是一个关于“疯”的故事。

造物者造人的时候，可能把“寇文灵”形状的泥人，以所谓“疯气”吹上九九八十一天，集天地“疯”之精华于其一身了。随后，造物者给她上色并塑造出一个疯癫的形象——先捏一个圆球，很大很大的，再把它捏扁成大饼状，再让两汪水灵灵的眼睛泛起活泼之色。接下来，便要捏一个大鼻子和常常咧开的嘴了。

寇文灵的确是个疯狂的人。记得有一次无意中听到了她讲自己小时候的事，才知道她是会去老师办公室“喝茶”，常和同学约着打闹，上课敢顶嘴、下课敢偷老师办公室里的篮球的人。而且她对同学讲话时从来不拘小节，时不时放声大笑，在斯文的外表下，无法掩饰的是一颗疯狂的心。这便是我对她的第一印象。

有次语文课前，老师让我们每个人都要讲讲自己名字的由来，看得出来寇文灵很轻松，上台以后举止大方，说话时坦然自若，时不时开几个小玩笑，幽默风趣。然而，当她介绍自己是蒙古族并写出她的蒙古文名字时，我却彻底“疯”了：横折，画一个圈，再画一个，连续三个圈。一个提，左边一个勾两个点，右边也有一个……真是难写啊！

后来，同学相处久了，更熟悉了，我也更认识到她在“玩”上的疯。那是合唱节的时候，我们班自然也要全体参加节目排练。五音不全的我，只好当一个“指挥”；而有钢琴特长的寇文灵，理所当然地成为钢琴伴奏，并把这一爱好发挥得淋漓尽致！

看，开始时她神情严肃，当第一声乐音响起，音符在她指间跳跃，唯美的旋律在耳边回荡。La，Do，So几个自然的导音将曲子过渡到一个新的层次，这时，她时而似诗仙李白，摇头晃脑；时而像触电似的，浑身颤抖；时而又不能自已，手舞足蹈……总之，知道的是她在弹琴，不知道的以为她吃了“含笑半步颠”呢。盖一疯人矣！

她在学习上更是竭尽全力的“疯”——一天背两百多个单词，对她不是梦！丰富的活动，并没有压倒她——她考上了美国高中！可谁知道，在疯狂的成绩背后，有着多少不为人知的疯狂学习。

这就是寇文灵，一个“疯女子”。

点评

寇文灵是个精力旺盛、自带光芒的女孩子；夏商周是个慢慢悠悠、自洽自在的男孩子。而这样两个个性差异巨大的孩子，一样可以成为最好的朋友。字里行间，一个蹦蹦跳跳、嘻嘻哈哈的姑娘，让一个谨慎冷静的男孩子惊讶得除了个“疯”字，不知道该如何去形容她了。但就是这个“疯”字，又有着非常丰富的内涵。令人读来啧啧称赞。由于观察者和被观察者之间这样的性格差异，让这种“疯”显得格外传神。这篇文章看似结构松散，其实是从外貌、平时表现、弹钢琴等几个不同角度写了一个“疯”字，明贬实褒，写出了人物轻松欢快但又会全力以赴的性格特点。

文以载道，气宇轩昂

2022届2班　吴乐水

人如其名，徐文轩是我们班的文艺青年。

记得初一开学第一天自我介绍时他就说过，自己最喜欢的文章是朱自清的《荷塘月色》。“文艺青年”可不是徒有虚名的，他不仅热爱读书，在语文课上也表现积极。不管是什么样的文学问题他都能聊上两句。“哦——那首诗我读过，感觉很有深意……”“是××的书吗？我听说过……”可见徐文轩的知识面多么广。徐文轩的微信头像也是个文艺青年——一个短发少年在窗边凝视远方，画面简单而清新。

“徐文轩”这个名字连起来很容易叫成“轩轩”，不知从什么时候开始，大家都这么叫他。但他从来不生气，只笑一笑，举起手臂说道：“我是猛男！”但不得不承认，有的时候，他确实很“猛”。

一次体育课，男生测试“1000米”，而我们女生在操场的东南角练实心球。计时开始，男生们一窝蜂地涌向跑道，不一会徐文轩就冲到了第一个。女生们都被他的速度所惊艳到，大喊：“轩轩猛男！轩轩太快了！”远远望去，徐文轩好像笑了一下，大步向前跑。下课后，我们问他成绩多少，他不以为意地说着三分二十多秒。竟然比我们“800米”满分的同学还快！“哇，太快了……”我们不由得赞叹，他又笑了起来，眼睛眯成一条缝，拍着胸口说道：“那当然，我可是猛男！”

徐文轩不仅跑得快，更是个球类运动的高手。这个周末学校进行了许多体育比赛。篮球、排球、手球比赛的照片，霸占了整个朋友圈。我点开一张手球的集体照，定睛一看，咦，这不是徐文轩吗？手不由自主地向右划一下，一张金色的奖状出现在我眼前，上面写着几行大字：“北京体彩杯”手球比赛第三名！徐文轩竟是学校手球队的一员，真是深藏不露。

或许他的手球水平不为人知，但他的篮球技术算是人尽皆知。作为班里的篮球队队长，他在赛场上是大家的靠山与支柱。平时也总有人邀请他打篮球，每天中午都能在操场上看到他的影子，他在操场上奔跑、跳跃、扣篮，回班时后背总是湿透的，但脸上也总洋溢着笑容。

徐文轩就是这样，“文”在心中，“轩”在外表，文以载道，气宇轩昂。

【文轩的话】

你居然写出了“轩轩”的“猛男”气质，这可绝非一件简单的事情，毕竟我虽然外表玉树临风、英俊潇洒、风度翩翩，但我可的确是一个“猛男”呢，更可贵的是你题目的那句话好精辟呀，我还在考虑要不要把这句话用作我的微信签名呢！

点评

这篇文章的主人公，是个特别有意思的孩子。一方面文质彬彬、风花雪月地写着“酸酸”的作文；一方面风度翩翩、行云流水般打着帅帅的篮球。这一切，被敏锐的同学捕捉到，化作对他名字的解读，也化作一篇优秀的文章。作者抓住了这位同学看似相互矛盾的性格的两面来写，对破题点的选取非常出众。但可惜对主人公“文”的一面的描写不够真切细腻，对“武”的落点的选取也更多侧重于实际取得的成绩，而不是与“文艺范儿”之间的对应感。如果修改，建议多写写自己的感受，从侧面来衬托主人公“文武双全”的形象。

心无浪荡非君子

2022届8班　杨墨非

“心无浪荡非君子”，这是孔德豪的微信名。这一点在开学初让我很疑惑——这么懂事听话的同学，对自己的认知怎么是“浪荡君子”呢？事实上，我对他了解的过程，也就是我慢慢体会“浪荡君子”内涵的过程。

一是君子有“浪”心，所以在“荡”。

见第一面，他给我留下的印象就是好学生：微胖白净的脸、利索的寸头，浓眉下是一双呆萌的大眼睛。如此面善的长相，加上好到无敌的数学，再加上有点羞涩的性格，让我误以为他是一个书呆子型的“君子”。

过了半年，我开始发觉有点儿不对劲：打斗地主的，有他；玩三国杀的，有他；打雪仗的，有他；玩狼人杀的，竟然还有他！我总算明白了，原来他不仅是君子，还是“浪荡”的君子。可惜世界是公平的，他“浪”一分，自然也会“荡”一分。于是乎，今年他也离开数竞的队伍了。

二是浪子有“君”志，所以在“荡”。

尽管他的“浪”会使他跌入低谷，但他能以志向为绳，以君子之心为支点，借力荡向更高的山。

举个例子，他在退出数竞队之后硬生生原地止住颓势，以天人之资抢占A班头筹。在这段时间里，他没有跟任何人胡闹，而是凭借极高的自制力驱动自己向前。这是很困难的，至少我在这样的“低谷期”就没做到。

孔德豪，君子浪心、浪子君志，真实而有趣。愿你鲜衣怒马，归来仍是少年！

【德豪的话】

不愧是“浪漫”的班长，连写我的这篇作文都这么有文学色彩。读过你的文章后我才发现最近玩得确实有点儿多了，感谢你的提醒，我还是得多多注意学习啊！

点评

两个理科“男神”之间的故事，比起女孩子来要简单很多。只言片语间，德豪已然读懂了墨非的善意劝告和真诚佩服，及时反思，明白了自己的问题所在。选中这篇文章，主要原因是这两位同学都是班级里的理科“学霸”，在数学领域两个人原本是可以一决雌雄的对手，但作者却偏偏选了自己的对手来写，言语间对对方有尊重，但又没有过度的夸赞，以平实的语言道出了“一分耕耘，一分收获”的真理。

那么，同一个孩子，在不同同学的眼中，又会是怎样神奇的存在呢？

奇女子“王哥”

2022届8班　李怡萱

初见“王哥”，是开学第一天。我旁边坐着一个女生，在老师要求设计组徽时大放异彩。当时，我还为其高超的作画技巧惊讶了一瞬间——心想：这么巧？遇上了一位画画高手！

其实，我们班有很多画画好的女生，但就我个人来说，还是最推崇“王哥”的画。她的画，不能单以“美”来形容，而应该用“英姿飒爽”这个词——利落的行笔、明艳的配色、锐利的轮廓，我个人很喜欢这样的风格。

“王哥”第一幅让我惊艳的画是一双小挂饰鞋的临摹。这只是一双平凡无奇的小鞋子挂饰，被“王哥”临到纸上后，便是一场视觉暴击和美学盛宴。我第一次见到有人不用板绘就能画出如此流畅的轮廓、如此浓墨重彩的色块和恰到好处的沟壑。

从那之后，我开始注意“王哥”的画，发现这个平时不显山露水的作画高手的画，丝毫没有拖泥带水，下笔简洁有力。

“王哥”这个姑娘其实和她的画很像——英姿飒爽，感觉比起当闺蜜，“王哥”更适合做一起大碗喝酒、大块吃肉的兄弟——若是身处江湖中，“王哥”一定是那种义薄云天的大哥形象。也正是因此，我们班男生在学期伊始，便亲切地称之为“王哥”，被她的潇洒身姿与豪爽举止所折服，为她的风采过人而倾倒；更有甚者，与“王哥”称兄道弟。从此，“王哥”这个称呼便在我们班口口相传起来。

“王哥”王兮若，其实也有她“髣髴兮若轻云之蔽月”的温婉一面。我后来发现，“王哥”也会时而忧伤、时而焦躁，也喜欢蝴蝶结……当然，这已经是很久以后了。

而我俩能坐聊一个中午，则是最近的事了。我开始了解，这个姑娘不仅是豪气千丈的大哥，更是善良美好的淑女。

我想，女子当如“王哥”，温和大方，明媚善良。

【兮若的话】

非常、非常感谢给予这么高的评价！我也非常喜欢和你讨论终极问题，每次都能收获很多。其实，画画对我来说是一种消遣，每当这个时候我就会静下来。这可能是双子座的通病吧！我这么大大咧咧，希望我有一天真的能“若轻云之蔽月”。

不知从何说起

2022届8班　杨启文

我初一时关注最多的，也只能是同桌了，毕竟刚开学我谁也不认识。那时我从不敢正视学校里的每一个人，只能木木地冲着手心发呆。我关于初一的记忆已留存不多，关于你的回忆，我也不知从何说起。

也许，作为这段记忆见证的实物，能留到现今的仅有我那张校园卡。我刚来学校时拿到了那张用陌生字迹写了我的名字的校园卡，看着那些字，一种莫名的直觉告诉我，那是你写的。那时，我从未主动和你说过话，原因呢？与其说是因为我不敢，不如说是我不知如何开口。

虽然我们英语、数学这两门课未曾分到一个班，但我留意到，你当课代表比我更负责，那副认真的模样让我知道你是一个好的课代表，我也知道了你的学习成绩是很好的。地理的一次测试，你还拿了全班第一，有时我帮着发生物卷子，看到你总能考到四十五分以上。平时的生物、地理课你虽未发一言，但可见你在这两门学科上的努力。

音乐课上，当我情不自禁唱起歌的时候，感谢你能关注到我，其实我觉得唱歌是我在艺术上唯一能拿得出手的东西。我也曾学过一些乐器，但都因为各种原因放弃了。你初二时候的吉他表演，让我有些羡慕，我开始后悔几年前没听从我爸的建议学吉他。

说到这里，不得不说我是个喜欢回忆的人，回忆过去的种种心理，发生的种种事情。

刚开学那会儿，我们坐在第一排，我只把目光投向老师和几个临近的同学。很多次小组讨论，我都一言不发；你却总是口若悬河地、积极地发表言论。我很羡慕。这一点成了我们性格上的最大差异。

也许你会觉得我沉默寡言，实则我也有一颗澎湃的心；也许你会觉得我冷漠无情，实则我也欣赏着周围的一切；也许你会觉得我无视你，实则我眼角的余光不时注目你目光所及之处。作为同学，我衷心感谢你对我的关注与尊重。

与别人不同的是，你成了第一个我听见说话声就能分辨出是谁的同学。

虽已时隔一年多，但我仍能回忆起那时的你——我初中第一个同桌，王兮若。

【兮若的话】

哈哈哈哈！英语、数学分到同一个班应该是不可能的，因为你真是太厉害了！我的毛病就是耐不住寂寞，所以经常说个没完没了。至于生物、地理，我在这个学期之前也学得很烂，不过我相信“车到山前必有路”（当然也要靠自己努力）。非常感谢你记得这么多。现在我看到你明显活泼了很多，希望你能和志同道合的一群朋友一直一路同行。

点评

这两篇文章的主人公，是一个很有趣的女孩子。在女生眼里，她豪气冲天如同大哥；而在安静的男同桌眼里，她是个带给人无限美好回忆的女孩。到现在，我依然记得读到第二篇文章时内心的惊讶与赞叹：要知道这个男孩子在此之前一直表现得很内向。经过他和王兮若的同意，我在班里念了这篇文章。话音落，掌声起——大家都像发现新大陆一样地看着他，而他仿佛松了一口气，在之后的学习和生活中，越来越多地展现出顽皮有趣的本性。从作文的角度来说，前两篇都是随着逐步的深入，让我们对主人公的外在表现和内在特质之间体会到了反差感，由此产生了一种由表及里的艺术效果。而这第三篇文章的作者从描述对象的美术作品入手，见微知著，从对美术作品中线条力量体现出的性格入手，逐渐揭示出人物性格中干脆刚强的一面。第四篇文章主要利用侧面描写的手法，从自己的内心反应去写一个女孩带给自己的触动。这四篇文章把人物弧线、细节描写、正侧面结合的描写手法都涵盖了。可知人物的描写手法，从来也不是简单的罗列，而是从相知到欣赏的自然过程。

三、家长会该做些什么

学习简案	
课型	基于家长会等家校沟通活动后，鼓励学生真实表达的随笔
学习重点	家长会前让学生预想一下会后会发生什么，现实与预设之间的反差，凸显了老师与家长对孩子的理解和爱
实施要点	教育教学一体化、家校协同一体化，为学生提供更为真实新奇的感受
成果亮点	孩子的思考与感悟，带给老师和家长反思

以前有个谜语，谜面是“今天开家长会”，猜一个电影的名字，谜底是：《今夜有暴风雪》。可以想见，大家对于家长会的“刻板印象”是怎样的。

我小学时也经历过这样的家长会，每次会后，我就会莫名其妙地挨上一顿批评。但到了中学之后，家长会后爸爸妈妈一般还会做点好吃的，然后拿个本子提提要求，没有再提过我在学校调皮捣蛋的事情。

等我长大，当了老师，更是希望让家长会成为阳光雨露的汇聚，为孩子提供更强大的安全感和自信心。

我的家长会，从动画电影《哪吒之魔童降世》中哪吒与敖丙的比较开始，请家长思考喜欢什么样的孩子。估计大家都喜欢片中听话懂事的敖丙吧？

接下来的一个问题是：在孩子眼中，您又是怎样的家长呢？

片中东海龙王给了敖丙一件披风，是用全族每人贡献一片鳞织就的，这就像一个孩子考上了大学，父亲说“全村人都给你凑了学费”一样，会带给孩子多大的压力啊！

片中李靖夫妇一直在为哪吒收拾各种残局，然而在哪吒寿命将尽时，李靖义无反顾地要与儿子换命，原因只有一句“你是我儿”。

我们要给孩子的，是无条件的爱。在爱他们的同时，尊重他们的感受，才能让他们更好地成为自己。

一片祥和之中，我们的家长会结束了。而家长会也绝对是作文的一大写点，孩子们的随笔，告诉我这样的方式是对的。

家长会后

2025届5班　张可瑶

家长会结束的时候我正和几个同学绕着未名湖闲逛，另外几个人看上去都忧心忡忡，与家长沟通时甚至出现了争吵，气氛变得有些压抑。由于我在脑海里已经把妈妈可能对我说的话都想了一遍，自然就少了几分忧虑与不安。

回到家，妈妈先略带严肃地跟我说：“今天我被批评了，说我不了解你的学习状况。以后不管有什么考试都要跟我说，听见没有？”我点点头，紧接着她换了一种风趣的口吻，面带笑容地说：“你们魏老师也太幽默了。他让我们家长转告你们，在学校要多跟他聊天，他会替你们缓解一下学习压力，有的同学就从没找他聊过天，说这话的时候还看了我一眼。”说完顺带用“龙飞凤舞”形容了一下我的字迹。整个交流过程没超过五分钟。

正是因为妈妈不断地提醒，我才学会了换位思考。

作为家长，最恐惧的究竟是什么？不是她看到孩子的表现不尽如人意，而是对有些事她一无所知，就像每天面对一个空洞或深渊，你只能揣测里面到底隐藏了什么。而身处其中的我——她最关心的人，就在这个深渊中，自己却不知道，或者是故意不想知道。当你试图去以别人的立场思考时，会发现要焦虑的事很多，而我们总是理所当然地认为自己永远可以救赎自己，别人再多的劝告都是徒劳，所以将心封闭起来，祈求获得一种虚假的自由和安宁。

在谈话的末尾，她好像还想找我问问交给老师的“写给家长的话”到底说了什么，不过我并不喜欢当面读，就拒绝了。我与妈妈从没有什么大的沟通上的障碍。亲子间的“尊重”“信任”“理解”本身是很难做到的，但我已庆幸了几百次，妈妈懂教育，她选择给予我——一个并不完全成熟的人自由的权利；同时也给予我信任、理解；她最能接纳我的不完美、失败。所以，不要把妈妈的承受力想得太脆弱了。

点评

可瑶是个很沉稳的孩子，大家都叫她“冷静姐”。面对妈妈和我不厌其烦的教诲，她的反应总是不可预测，这让我们有点无措。但家长会后，她想，“由于我在脑海里已经把妈妈可能对我说的话都想了一遍，自然就少了几分忧虑与不安”。可以想见她虽然嘴上不说，其实“退而省其私”了。更让人感动的是，她在家长会后还是沉下心来更仔细地琢磨了妈妈为什么总会唠叨。而我晨读时随口说的一句“作为家长，最恐惧的究竟是什么？不是她看到孩子的表现不尽如人意，而是对有些事她一无所知”，这话也记住了，并且让她理解了妈妈，也反思了自己。

家长会后

2025届5班　王怡林

我的妈妈对我的学习一向是严格的。从我小学时起，她就会为我制定每周的学习计划，让我对自己的学习进程一目了然。升入中学后，新的学习环境和增多的科目使我一时手足无措，不过凭借着妈妈周密的学习安排，我也逐渐适应了新的生活。

周五，我们召开了第一次线下家长会。妈妈回到家时，脸上的表情是平静的，没急着找我谈话，我暗暗吃了一惊。记得小学每次家长会后，妈妈都会马上总结我的表现，鼓励我做得更好。我怀着几分忐忑走到妈妈身边坐下，若有所思地望着她，而妈妈只是笑了笑。

“今天我去找你们数学老师谈了谈。”她轻松地说。我有些不解，随后又想起前几天魏老师刚找过我和另几位同学谈话，让我们多在数学竞赛中投入一些时间。“他说，你们上个学期还会找他问题，这学期也不去了。”妈妈说完看向我，使我有些愧疚。

新学期，我花在竞赛课上的时间确实有所减少。我闭上眼，点了点头。本以为妈妈会像之前那样给我各种习题册让我练习，告诉我要认真准备竞赛，可这次她没有这样做。她只是看着我，眼中没有以往的严厉，只有真诚。“如果你想提升自己的水平，就多往这方面投入一些精力。如果你做不到，那咱们就全面发展，做到不偏科也是好的。”

我心中一震，妈妈想让我自己做出选择？想起之前她为我定下那么多周密的学习计划，现在却让我独立且自主地面对学习，我不禁豁然开朗。想要提升自己成了我自己的选择。

“我会坚持的。”我抬起头说，碰上了妈妈温柔而又带着几分鼓励的目光。我也懂得，自主面对学习，才能够有真正的收获。

点评

家长会上，我站在教室后面，听着数学老师用理性而和缓的语气提了一些学数学的建议。他说：“数竞的路是艰难而孤独的，希望咱们班的几个孩子可以抱团取暖。”我听了，忽然很心疼这几个上竞赛课的孩子，一直在想我能为他们做点什么。看了怡林的文章，我想我也应该给他们更多的信任和选择权吧。那么，对我自己的儿子，是不是也应如此？

四、活动带来的收获

（一）“文化魔方”转转转

学习简案	
课型	基于学校特色课程的反思性随笔作文
学习重点	在活动完成后，引导学生在回顾的过程中提升认识、增强感悟
实施要点	在写作前，利用恰当的时机组织学生通过头脑风暴形成集体认识，再鼓励学生进行个性化写作
成果亮点	学生的收获高于、广于课程的预设，体现了素养的提升

我们做老师的，喜欢说一句话——三年一代人。这句话既是对迎

来送往一届又一届学生的感叹，也是鼓励自己在看似循环往复的工作中不断提升。

2011年秋天，我负责策划设计的校本综合实践活动的课程又要升级了。此前我们组织过听讲座、访胡同的北京文化探访，举行过“一个班级、一个朝代”的中国文化探究，开展过“一个班级、一个主题”的世界文化交流……这一次，要给活动起个新名字了。

文化，是不变的主题和追求。那丰富多样、自由灵活的活动，应该用什么词来表现呢？冥思苦想之间，“魔方”这个神奇的词，突然出现在我的脑海中。脱口而出的一瞬间，谁又能想到“文化魔方”，后来成了让我们为之骄傲的经典活动。

“魔方”不停地转动着，在一拨又一拨的老师指尖炫出越来越丰富新奇的活动设计，在一次又一次的活动中焕出越来越精彩绝伦的经历体验，在一届又一届的学生指尖变出越来越令人惊叹的收获成果。

真想玩好这个“魔方”，可没有那么容易哦！孩子们要分别完成“文化魔方”的“面面观”和“少年行”两次主题活动。无论哪一次，都需要结成小组，协作并进。相互结伴的孩子有时候是知根知底的同班同学，有时候则是相逢有缘的陌生人；既有必须完成的探究活动，也有充满未知的探索过程、成果展示……

有时候，我们会觉得最终的“金魔方”大奖是孩子们追求的成果，但其实多维的评价才是对他们最好的肯定，在“观”与“行”之间的经历与反思才是他们最珍贵的记忆。

豁然开朗

2019届2班　乔治

“天时不如地利，地利不如人和。”当我拿到“金魔方”和“合作的力量”这两张奖状的瞬间，内心激动万分。当我回到家，再次拿起“合作的力量”的奖状，这种沉甸甸的感觉是我不曾有过的。

从一张白纸到十四页、二十个标题、八千字的论文，这些内容不是一个人的思路，也不是一个人的成果，而是我们“胡同坐标系”小组共同完成的。

起初面对一张白纸，我可以说是毫无头绪。想到自己要一个人挑战庞大的工程，无力与绝望充斥着我的脑海。第二天中午，我召集了组员们小组讨论，在一个小时左右的交流过程中，我们形成了论文的框架，分配了任务，一张蓝图呈现在眼前。

很快，在初稿交稿的三天前，我们的成果已初步成型。在我们研究的五个方面中，三个较次要的方面各分配一名同学独立完成。其余三名同学分别完成中文概要、关键词、附录、参考文献以及致谢；而最重要的两个研究重点，每个人都要撰写书面材料。就在集思广益、融会贯通之间，我们的论文逐渐细化、丰满，转眼终稿便出炉了。在这二十多天里，我没有为论文的内容加班加点，也没有为每个人的工作担心或发火，一切都在六个人的笔下，按照预设的轨道平稳地进行着，到达了最后的终点。

我曾对自己的要求很苛刻，想让每一件任务都以我的标准做到最好，甚至我觉得我一个人完成足矣。但生活给了我经验和教训，让我知道要和别人合作。

在“面面观”中，我对“合作”的朦胧意识慢慢变得清晰起来。甚至，是我在拿到奖状时顿悟：没有人能独自撑起一片天，而合作能；没有人能独自策划一场颁奖典礼，而团队能。指导老师让我们每个组员互相评分，必须要分出十分、九分、八分，为此我们和老师争论了起来，不愿分出三六九等。老师有些生气地问我们为什么。我们说：“因为我们合作，每个人都付出了很多。”老师笑了，我们成功了！

在“金魔方”的光芒中，闪烁的原来是合作的力量。

点评

“文化魔方”活动的目的就是让孩子们在参与的过程中完成自我成长。这篇文章的作者在文章中展现了自己成长变化的心路历程，从对自我的严格要求到对团队的依靠与肯定，这一转变也使文章更具有感染力。具体的活动使得这篇文章有的可写，这也是学校教育与语文教学结合紧密的体现。

“观”与“行”的对比

2019届2班　周安若

文化和魔方的碰撞，教会了你如何灵动地掌握多元的知识；“面面观”和“少年行”的融合，带你融入一个全新的集体、感受全新的旅程、获得全新的方法。无论从哪个角度来说，“文化魔方”都是那么惹人喜爱。

第一次接触“文化魔方”，几乎与我进入附中的时间重合，这更使得它与我密不可分。那时我们还不够成熟，光是选题就更改了数次，回过头来看那张电子报，组员的声音仍在我耳边回响：“别吵了，既然分歧这么大，咱们投票吧！”如往常一样，关于选题具体的目标我们又有了分歧。“行，我同意，我更倾向李清照。”“我也选李清照。”“我更偏向苏轼。”分歧以极快的速度产生。“那我也选苏轼吧。”眼看着结果就要出来了，最后一个人却突然冒出这样一句话：“我觉得这两个都不太好，咱们换个选题吧。”或是“我这两个都不大感兴趣，你们随便吧！”又是一次无用的会议，这样的谈话，在“面面观”中出现了数次。

今年我又参加了“少年行”，相比“面面观”，它的诱惑力显然更大些，大家的经验也比之前稍丰富些，单是选题这方面，就有了很大的改善。选题初拟之后，得到老师的答复："你们的选题范围有点大。"当我把老师的反馈告诉组员，听到的回答不是"我不知道，不要问我。"而是"是吗？我再看看。"大家要么动起了笔，要么翻看手机上老师讲过的要领，都积极地思考着。紧接着全组几乎不约而同地围在一处，信心满满地交流着自己的结果："我认为广宗寺不错，历史和地理结合紧密，可以侧重其中一个学科。"不是简简单单的答复，其他人也在话语中加入了自己的思考。"要不然咱们研究贺兰山也行。""我也觉得广宗寺比较好。"这时候出现分歧，争吵却不会再发生，总会有一个人经过深思熟虑之后做出决断。"那就这么定了，广宗寺选址的地理原因，我回去找老师问问。"虽然我们的选题仍进行了一次幅度较大的修改，但相比"面面观"的时候，我们进步了很多，也成长了许多。短短的几句交流，足以证明我们的变化。

学与玩的完美结合，造就了"文化魔方"，这个能令每一个附中的学生都念念不忘的美好活动。它来得短暂，去得匆忙，但都承载着我们的向往，目送着我们飞向远方。对于即将离开附中的人，他们要利用最后的时间玩出精彩，对于我们这些刚刚开始的人，则是要绽放光芒。

"面面观"，叹为观止；"少年行"，不虚此行。

点评

"文化魔方"这个活动对初中生来说就不是个简单能完成的任务，而这个活动后的作文环节需要孩子们回忆和反思的地方也很多。本文的作者从活动的两个主题的对比之中，道出了自己对"少年行"活动的理解，领悟到的整个活动的深意全部清晰地呈现在一篇文章中，并做到首尾呼应，很难得。

（二）科技创新代代传

学习简案	
课型	基于学校特色活动的反思性随笔作文
学习重点	通过反思，将活动中的体验和感悟整理提升，提升自身素养
实施要点	抓住合适的契机，鼓励学生把丰富的体验写下来，有条理地表达思考
成果亮点	将基于真实体验的思考写成文章，有利于学生深刻理解活动的意义，并积累素材

对于北大附中的学生来说，科技节也是每年一次的盛大赛事。我们的科技节，依托为孩子们提供创新实践平台的科学课进行，孩子们围绕不同的主题——“力与运动”“视觉盛宴”“美好生活”“科技·家”“科幻？现实！”“破壁·机”“领航员”……设计出各种作品，获得了自主实践、合作学习和创新探究等方面的成长。

每年春天，当科技节拉开帷幕，孩子们纷纷投入其中时，我们都会抓住宝贵时机，提醒学生除了要在作品的发明创造上下功夫，也要留心关注自己和同学们在活动中的感受和体验。

不是所有的探索都一帆风顺，也不是所有的合作都一团和气。不要怕遇到困难，要学会想办法解决，学会协调和沟通。无论是顺利还是意外，都是最好的写作素材。

缺失的盛宴

2019届2班　邵沐之

当看到别人在台上接过奖状，露出一张张灿烂的笑脸时，我不禁想，如果我们当时没有放弃，那么今天的聚光灯下，是否也会出现我们的身影？

不过，已经过去的事就不想“如果”了。刚开始筹备科技节时，我们组是公认的“学霸组”，这也令我信心满满。但在一个寒假中，因为外出、课外班、作业……科技节被我们抛在了脑后，谁也没有再提这件事。开学后，我们商量好了选题，但又因为作业多、考试多，让我们的“进度条”一直处于“加载状态”。可能是因为选题不错吧，我们通过了初次面试，但日益加重的课业压力和最后一次实验的失败，还是让我们最后选择了弃权。每每看着从淘宝加急买的实验材料，还没用上就废弃在家中，我心里总会有些遗憾和愧疚。

我相信，我们遇到的所有问题，其他小组一定也遇到过，但为什么我们这个当时被看好的“学霸组”忙活了两个月，却没有拿出成果呢？我想主要原因只有一个——我们心里没太把科技节当回事，至少没有像看重任何一次考试一样重视它。在考试、作业、课外班面前，我们都不约而同地牺牲了科技节，牺牲了“胡椒幽灵”实验。我自己的任务，我也只会在课间当休息似的干一干……我们都更看重我们自己的学习成绩，或者说是自己的利益，而没有把时间和精力留给本来可以带给我们更多“学以致用”体验的科技节项目。我们都忽视了科学的精髓——它从来不是一次完美的实验，而是一种坚持与奉献的探索。

如果以后再有这样的活动，我想我仍然不会为了它而牺牲课内的学习和考试，但我会把它们平衡得更好。我的目标也从来不是站在万众瞩目的聚光灯下享受一个奖项，我只是觉得我们既然决定开始，就要有始有终地坚持下去，不给自己留下像这次一样的遗憾。

最后，我也由衷地说一句：千万不要迷信“学霸”，学习好和综合能力强没有直接关系。他们可能只是在别人玩游戏时、打球时、做实验时，在学习、在刷题而已，但他们也会缺失一些东西。

点评

好文贵在情感真实，真实的故事最能打动人。学校的活动落于学生的笔端，能从中读出遗憾，但是遗憾也成了收获！文章语言流畅，情感表达自然，为读者提供了一种看待“学霸”的全新视角。

2023年春天，第八届科技节如约而至。本届科技节以“领航员”为主题，除了每班要派出六组同学，分别完成竞速赛、障碍赛和运球赛的船只设计外，还要派出一支“最强大脑”队伍。在指定时间内，这支队伍要使用组委会统一发放的制作材料——纸板、宽胶带、一次性桌布、即时贴和制作工具，制作出一艘纸质载人船只。

在我看来，这样的任务真是充满了挑战，貌似很难实现。但我的孩子们却冷静沉着，在科学老师的帮助下很快确定了人选。

经过一番合作与努力，纸船真的载着可爱的小姑娘成功地完成了任务。

“领航员”写下的文字，全方位体现了合作和努力的意义，展现出了附中孩子特有的精、气、神！

扬帆·领航

2022届5班　王怡林

小学时学校举办的科技节对我来说已经印象模糊，只记得一个个枯燥的讲座。升入初中后，这次科技节却给了我很多惊喜，我也有了亲自参与项目的经历。

最初给我留下深刻印象的是我们制船的过程。六个人要造出一艘足以承载起我一人的小船，这在我看来是一个不可能完成的任务。下午一点钟的太阳刺得我睁不开眼。组内的其他同学们拿出刻刀和纸板细心地剪裁着，不一会儿就拼凑出一艘看起来破破烂烂的小船。有几位外校的老师过来参观，问了我们几个问题。我一边往船上缠防水胶带，一边听着其他人的回答。

“为什么要在船内部再加一层？”

“要保证我们驾驶员的安全呀！只要她不掉水里，一切都好说！”几位同学的回答使我心头一震。他们笑了笑，看向我。我也笑着点了点头。看着他们认真地绕着胶条，企图用手拍实每一个缝隙的场景，我心中顿时涌起温暖的信任感。

时间飞快，到了周五那天，我在同学们的注视下上了那艘晃晃悠悠停在水面上的船，心中满是紧张。我身着橙色救生衣，在周围震耳欲聋的呐喊声中奋力朝对面划去，努力维持着小船的平衡。船缓缓转过弯来，船头碰到泳池边缘的那一刻，我知道，我成功了。

并不是“我”成功了，而应是，“我们”成功了！

从池边站起身，看向另外五名同学洋溢着兴奋与欢乐的脸，我心中不由得感到一阵自豪，之前的所有紧张、辛苦与焦虑，在这一刻也都烟消云散。

这一艘船不仅代表班级，也是我们六名同学协作的成果，是我们之间互相信任、互相鼓励的结晶。这么想着，我长出了一口气。

科技节，就是一个不断探索与创新的实践过程。在协作中信任队友，并争取将任务做到最好，从中收获新的友谊，或许就是我在这次活动中最大的收获。我们六个同学，从某种意义上来讲，都是这次活动的领航员！

点评

文章开头以小学的同类活动做对比，直接进入主题，然后细述活动过程，其间添加了心理活动描写，最后升华主题。看似中规中矩的作文，但文中表达出了作者的理念——真正的信任，就是把自己的安全交给队友。很棒，为你们的成功点赞！

去大自然的怀抱里吧！时间充裕，就去公园里走走；时间紧张，也可以去楼下的大树旁站一会儿；哪怕是每日奔波的路上，看到花、看到草、看到树叶在飘摇，都能带给你温暖和力量。

人们常常都是陷于身边的事务中无法脱身，而大多时候自己意识不到。我们囿于眼前的琐事，而忽略了近处、远处的风景。曾经有个心理学家对我说过——去大自然的怀抱里吧！时间充裕，就去公园里走走；时间紧张，也可以去楼下的大树旁站一会儿；哪怕是每日奔波的路上，看到花、看到草、看到树叶在飘摇，都能带给你温暖和力量。

只要留心，暮春时节背阴处一朵小小的紫花地丁也能向我们传递神奇的力量。作为老师和妈妈，我在走近大自然的时候发现了植物有如此神奇的“疗愈”方式，当然要传递给我的孩子们。对于大自然来说，人类也如同小花小草一样，充满生机，需要呵护。于是，我把这个理念融入了教学当中，这就是我们这一章中教学设计的初心。

一、亲密的大自然

学习简案	
课型	层进式思路引导课，确定写作内容和主题后的命题写景作文
学习重点	课堂上的思路拓展，帮助学生走出写景作文的套路，找到自己的独特感受
实施要点	给学生充裕的时间进行思考，遵循学生思路加以启发
成果亮点	学生作品个性鲜明，跳出了“窠臼”

在所有可以写进作文的素材里，自然美景可能是最好写也最难写的了。

当我们学到“四季·美景”单元的时候，常规的写作题目是

《____的秋天》。不用学生写，我都能想象出他们按照套路写天气凉了、叶子黄了、一群大雁往南飞……

如果一篇习作，作者自己写的时候愁眉苦脸、搜肠刮肚，写出来的都是自己也不想看第二遍的套话，那一定不会是篇好文章。我也希望看到那些令人眼前一亮、赞叹不已的好文章。所以，我就一直想，想怎么才能让学生“有的可写”？

我想起以前在书上看到过的、带学生一步一步形成写作思路的教学方法，觉得这可能会对学生有帮助；又想到我们在生活中很少会平白无故去写景，而都是被景触动才会有感而发。与其要求学生写什么，不如给他们个方向，让他自己去记忆中寻找那个场景，把它再现出来。

于是，我就设计了这么个环环相套的课堂活动。不求立竿见影，但求让学生不再愁眉苦脸。

1. 第一节课上，我们讨论每个人最喜欢的季节。在学习完了两篇经典散文和四首古诗之后，你再想到自己所喜欢的季节，头脑里是否有了更清晰的场景？

2. 一年四季，每个季节都是漫长的。现在就请你认真思考，更精准地给自己喜欢的自然景物定个位——可以是某种天气、某个节气，也可以是某个地方、某种环境，还可以是某次旅行、某个瞬间……请你用下面的句式，将你的思考表述出来。

“我最喜欢的是（　　）的（　　）。”

3. 接下来，请你继续细化头脑中的场景。要知道，这个场景是只属于你的！只有你才能用最合适、最美妙的词语来形容它！把这些词语写下来吧！

4. 最后，让自己进入场景中，静静地感受自己的内心世界，用一句话写出这个自然场景为什么会让你记忆深刻、感觉独到。

完成这样的梳理后，孩子们有的恍然大悟，有的一脸迷茫，有的依然愁眉苦脸……

而我，对于他们的作品充满大大的期待和小小的不安……

最美的风景

2022届8班　翁启宁

我喜欢海，不是皎洁明月洒下泛起银光的海，而是日落时分的海。当炽焰一般的红日从天空缓缓沉入大海，当苍穹被耀出橙焰，当人们在海滩许下一个个心愿，我的心中就呈现出一幅最美的画卷。

印尼的金巴兰海滩的日落是我第一次目睹海上日落，让我难以忘怀。

我们到达金巴兰时，天还是明亮的，太阳也默默地发着光，一切都还没开始。趁有阳光，先去海岸边跑上一趟，拾一块粉贝。

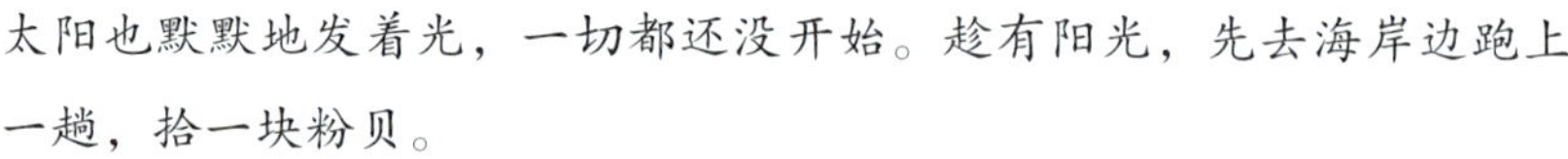

牵着妹妹的手，迎着清凉的海风，嗅着海洋的气息。我们在柔软的沙滩上跑着。“姐姐，太阳不是在天的那一端吗？但日落时，它不应该在海中央吗？”妹妹指着远处的太阳，问道。

又一阵海风刮过，吹乱了我的头发，吹散了脚边的沙，吹得周围的遮阳伞一阵摇摆。人越来越多了，都在等待即将发生的“奇迹”。

太阳的光，已经平齐了海岸线，那一望无际的天好似被火把点燃，燃烧起熊熊的橙红色火焰。又仿若是天宫中的仙子碰洒了照明的烛台，是那一滴烛泪，为这天空晕染上了难言的色彩。

随着时间的逝去，天越来越火红，海越来越黑暗。难道说这海洋只是个配角？可它不时激荡的白色浪花和海面粼粼的波光，都更凸显了那一轮红日与天空的热情似火。飞往远方的海鸟也为这如画的场景添上了淡淡的庄严。

我出神地向海岸走去，想要离海更近一步，离天更近一步。想伸出双手触摸太阳，将那遥不可及的光束采一些留念，可惜手掌里只有残存的昏黄。

在海滩上写下自己的名字吧，即使终究会被浪冲散，也要让它知道，我来过。

太阳在以肉眼能分辨的速度下沉，所有人望向那大如玉盘的落日，许下自己的愿望，在这神圣的瞬间，将希望寄托于太阳吧！

“三……二……一……”人们数着，太阳沉下了。带着那束光芒沉下了。但我知道，很快，它就会带着更耀眼的明天，升起，升起。带着我的祝愿，升起。

“你我见证的黎明，在光落下的地方。”

“光落下的地方，凝聚着黎明的诗篇。”

点评

少女眼中的日落，完全没有“只是近黄昏”的伤感，而是一幅瑰丽的画面。仿佛色彩饱满的油画，渲染着自然的魅力。按着时间线写日落，用心却不着痕迹。最后两句也很美。

最美的风景

2022届2班　郑博宇

五彩缤纷的花朵，充满着整个世界，让夏天变得如此美妙多姿。

夏天，有时下些小雨，世界会变得更加美好。但我最喜爱的，却是夏末的暴雨。

夜晚，先是几阵凉风掠过地面，树叶也微微摆动起来。我望着窗外，心中有一丝恐惧，夏天刮出这样凉快的风，想必是暴雨要降临了。我一直害怕下暴雨，可这一次，我却打开了窗户。窗户“吱”地一声，又一阵风吹过了我的脸颊，给我带来一阵清爽，也让我被一种摧枯拉朽的力量所震撼。我继续等待着。又一阵风刮过。

“轰”的一声，从远处传来的雷声是那么低沉，就像沉睡千年的巨龙苏醒后的咆哮。顿时，树叶摆动得更加猛烈，这一点也不像是早晨的微风，那时风掠过树叶就像在与我们问好。它们被一把有魔力的扫把扫得“唰唰”乱响，此时与平时花香扑鼻的夏天天差地别，能闻到的只有雨中独特的味道。

果不其然，雨在我还没有察觉的情况下，“啪啪”地下了起来，就像石子一般，无情地击打着万物。硕大的雨滴落在屋檐上，屋檐在痛哭着；滴落到树叶上，树叶在呻吟着；滴落在地面上，地面在大喊着。看着这样的情景，我心中不知为何充满了激情。

它不畏世间万物的抱怨，它冲刷着被热气笼罩许久的万物，它驱赶了夏天的炎热。它看起来是无情的，我却发现了它无畏的精神。雨继续下着，我也在继续看着、感受着……

从此，我爱上了暴雨给我带来的感受。

点评

当激情少年遇到夏日暴雨，力量感十足的表达令人为之振奋不已。男孩子这样阳刚的表达，在文字中体现出成长的能量！

秋天的收获

2022届2班　冉沛鑫

秋日天气的变化总是没有任何征兆，让人猝不及防。前一天还是风轻云淡，第二天就变得阴云密布。即使是这样的天气，我依然选择挎上相机和父母到郊区走一走。

驾车穿过山乡城镇，左眼阅山，右眼览物。通红的山楂，橙黄的油桃，各种颜色交织在一起，让人暂时忘记了天空的阴沉。低头看向手里捧着的书，眼前的一切的确是个“平凡的世界”。

我们走进密云不老屯。据说这里是明清年间远近闻名的贡梨之乡。走上一条宽敞公路，道路两旁是一家挨着一家的果园。套着白色纸袋的果实坠得果树直不起腰来，一片片果树林被密匝匝的果实围拢，透不进一丝光亮。沿路，果农们摆满了成百上千筐鸭梨，这里宛如一座大型露天水果交易中心。是大丰收吗？这么大的“水果”阵仗我还是第一次见到。

鸭梨的清香飘进车里，引着我们下车走进了一座果园。看到有游客走进，果园女主人微笑着主动迎上前，男主人则在一旁忙着，收拾刚从地里刨出的花生。“这就是落花生？真大！”我好奇地打量着地上的一片花生。“这新鲜的花生好吃着哩！”男主人向我们推荐。“它的果实埋在地里，不像桃子、苹果那样，把果实高高地挂在枝头上。它矮矮地长在地上，等到成熟时，要挖起来才知道有没有果实。”我轻声说着。

“大姐姐，你见过这个吗？”一个稚嫩的声音从身后传来。我回身看到一个六七岁的小姑娘正向我走来。她有着健康的小麦色皮肤，双脚双手满是泥土，正捏着一只肉乎乎的独腿蝗虫，举到我眼前。这小姑娘怕不是想吓唬城里来的朋友吧，我这个资深昆虫爱好者怎么会怕蝗虫？看着她提着蝗虫的独腿，令其摇摇晃晃地吊在空中。我制止了她。“正确的方法是像这样，捏住它们头腹的交界处。你那样拿，很快它的另一条腿也会报废了。”小姑娘好奇地看着我。“不如我们把它放生吧，它或许还能有一线生机。”小姑娘虽有不舍，但还是同意了我的建议。我们把它放在一片草丛中，它很快一瘸一拐地消失在我们的视野里。小秋虫，好好地享受这一世的生命轮回吧。我看向小姑娘，她仿佛明白了我这么做的意义。

再回身时，我发现爸爸妈妈已经收获颇丰：鸭梨、苹果，还有挂着泥土的新鲜白薯和花生，装了满满三大袋。果园男主人乐呵呵地算钱，帮我们装车。家人们也流露出收获的喜悦。

临走前，小姑娘从一旁跑过来往我手里塞了两个大大的鸭梨。我向她微笑着，挥手告别。秋天就是要在自然中度过才有收获，如我，如她。

点评

城里的孩子啊，真的应该多出去走走。看看山岳的美、品品瓜果的香。自然带给人的治愈感，就隐藏在简单的“走一走，看一看”中。这篇文章通过叙述作者一家人在秋季前往郊区游玩的经历，表现出来了对丰收场景的喜爱、对微小生命的呵护。文章不长，却体现了人与自然和谐相处的境界。

此外，我们与大自然的亲密接触，也可能就发生在你的身边。它可能只是一朵凌寒开放的小花，也可能是妈妈精心修剪的一方植物园。只要你能静下心来，就能在与它们相遇的时候，感受到爱和呵护。

凌寒独自开

2019届2班　吴思萱

这是一朵小花的故事，这是一个不为人知的故事，这是最美的绽放背后的故事。

曾经，学校里有一面开满了月季的铁丝网，碧绿的茎不停地向上攀，一直到铁丝网的最高处，带着它的那些花朵，直到最高最远的地方，将芬芳传递到校园的每一个角落。每到夏天，我都惊异于它的色彩：红的艳丽，白的素雅，粉的柔美……

一到冬天，这些花朵都将凋零，艳丽的色彩也终将逝去。娇嫩柔软的花瓣逐渐变得暗淡、干枯，轻轻一碰就缓缓落在土中，变成细细的粉末，最终消失在风中。

每年都会有新的花朵，校园的四季又总有着别样的风景。大多数时候，我们选择了默然，将美丽的花朵都视为理所当然的“背景音”，时间一长，也就不再注意了。唯有一次，一朵花让我难以忘怀。

那一年的冬天来得尤其早，金秋时分，大雪就纷纷而下，飘飘扬扬地落满了枝头。金黄的银杏叶飞离了大树，月季花也在大雪的压迫之下不情愿地低下了头。学校到处都是白茫茫的一片，很单调，很冷，很寂寞。那一刻，我开始怀念月季花美丽的色彩，它是风景，是温暖，更是希望。

，一朵再平凡不过的粉色月季，尽管它的叶子已经全部掉落，茎也有些发乌，大雪压弯了它的头，但它依然傲然挺立着，不愿向严寒低头，在这个冬天里，用自己微弱而又强大的力量温暖着我们的心灵。它的粉色是我眼中最亮丽的色彩，它有些干枯的花瓣是我眼中最柔软的存在，它是一朵傲雪月季，是我心里、眼里最美的花。

一朵弱小的月季花，从一粒种子长成了一株幼苗，再长成一个花苞。在它生命中的每一天，它都在我们眼皮底下，向着阳光生长，每一天都在奋斗、成长，从来没有放弃，直到花瓣舒展、花朵绽放的那一天。

一朵平凡的月季花，与其他鲜艳的花朵相比，平淡而不起眼，但它从未停止过为我们这些欣赏者奉献自己。冬天来临之后的每一天，它都在与严寒对抗，尽管我们从未注意，但它依然倾尽所有，付出一切，忍受着其他同伴都无法承受的痛苦，只为在冰天雪地之中，带给我们一点色彩，一丝温暖，以博得我们的笑颜。

或许我们永远不会知道它在背后的这些努力，但它依然选择奉献自己，为了他人，也为了自己。就像我们所有人一样，更像所有爱我们的人一样。

点评

若不是有一颗温暖的心和一双善于发现美的眼睛，谁会注意到这样一朵小小的月季花呢？当它穿越季节，开放在严寒中，传递给我们充满了震撼的力量。这些极易被忽略的“小”，被学生发现后写在作文里分享，成了“美”。

生机勃勃

2019届2班　马宇瀚

“你家的这些花长得真好，真不错。”这样的夸赞不止一位客人在我家说过。家里养植物的阳台，是我最喜欢静坐的地方，在那里我可以享受到恰似在大自然中的宁静。

我家的阳台是一个迷你植物园，花架上摆满了各种植物。这些植物全是妈妈养的，她特别喜欢花花草草，所以会在家里养许多。那里的每一盆生机勃勃的植物都是在妈妈的精细照顾下才绽放生机的。

我最喜欢的是一盆大的芦荟，那是家里养的最久的一棵植物。它从小就在陪伴我，而我也见证了它的成长。当它越来越茂盛时，我看着它的叶子变大、变多，阻挡了过道，我就会笑起来，它越来越好了。

有一天，当它成长到已经支撑不了自身重量时，它倾倒了，这让我惊恐，它这样茂盛，怎么可以倒下呢。妈妈给它支起了架子，用绳子将它立起，使它恢复了以前的生机。当有的叶子不再饱满，变得干黄，会从主干上脱落下来。看到这一场景，我总会特别失落，就像失去了什么。这时妈妈会当机立断地将枯黄的叶子裁剪掉，让它重新长出新叶来。这一段时间，它显得“枯小”了，但没多久，它重新发出了几棵小芦荟，生机重现。妈妈将新发的小芦荟移出种植，芦荟又重现了生机。

芦荟一直在长，当我偶然发现它长出了花苞，并且开出了一串串的花朵，我被它惊艳了，原来芦荟也是会开花的。它的花是清新、小巧的，花蕊上还缀着蜜，这令我很兴奋。就这样连续多年，我陪伴着它，妈妈呵护它，它绽放出喜悦的花朵。

我最心疼一盆铜钱草，它长得比铜钱还要小，一副弱不禁风的样子。妈妈为了它，水培、土培都试过，加肥料、浇营养液，给它分株，养活了一棵棵小的铜钱草，再把它们合起来，重新组成一盆大的。这盆铜钱草绝对是我们的园中受磨难最深的植物了。后来，它叶片慢慢长大，大过了铜钱，那一盆绿色的“圆盘”像在对我招摇一样，向四面八方展开了笑脸。当它倒伏了，妈妈会赶紧给它浇水，转动花盆，换一个面受光，而我就在一旁祝福它赶紧恢复生机。浇过了水，它便慢慢挺起来了枝干，招呼着对我说：“瞧，我好着呢，不用担心。”可哪怕它每次都能被“救活”，它在我心里也还是一株需要被呵护的、脆弱却不乏韧性的小草。

色彩最鲜艳的是长寿花。它长着形状奇怪的墨绿色叶子，开着鲜艳的红花。十字形小花连成串，等不及要绽放，刚到初春时分，便不由自主地盛开了。前一个秋天，它还在为如何生存烦恼，矮小的枝，看起来有些营养不良，那时它连长出几片新叶都很困难，妈妈帮助它换土、剪根、施肥后，它才慢慢有了活力。就像它在冬天蓄存了体力一样，刚到春天，就释放出了积蓄的生命力，在绿色中展现了春天的第一抹红色。

这样的“植物园”让我欣喜不已。我见证了它们的成长，也看到了它们的困难，这样我更加珍惜它们。它们生机勃勃的背后有着我对它们的感情，有着妈妈对它们的呵护，还有着它们自己的活力。

点评

小作者的妈妈，是位非常平和的大学老师。孩子毕业多年，她依然会拍些花草的照片发给我，和我分享她感受到的自然的趣味。养过花草的人都能看出来，这个孩子一定是细致观察、深入了解了这些花草才能写出这篇文章。尽管语言有稚嫩不完美之处，但文章来自生活是没错了。有心才有文，有观察才有的写。

二、和动物交朋友

动物，是大自然的精灵。它们总能带给我们欢乐和启示。无论是家养宠物还是户外观察，每当孩子遇到了动物，他们总会在写作中展现出丰富的感受和独特的体验。

正因为如此，我在过去三届的教学中，尝试着在“动物”主题写作设计和指导上进行了迭代升级。

（一）观察与记录

学习简案	
课型	基于单元“动物世界”主题的观察、记录式写作
学习重点	以观察动物行为、查找文献资料等为基础进行写作
实施要点	围绕学生自选主题，以不同方式获得写作素材
成果亮点	围绕同一主题，进行了说明、陈述及评论等多角度的写作

2016年，我教初一年级。在学习完“动物世界”单元后，我带着学生们一起制定了一个“三步走”的写作计划。我们先要确定写作的对象是什么动物——既可以是自己家养的宠物，也可以是常遇到的流浪猫或是定居鸟，还可以是自己喜欢的住在动物园或者宠物店里的动物。选择的标准只有一个——自己喜欢的。然后，用一星期的时间完成观察，记录下动物的行为，越细致越好。在观察的同时，要发现一些需要了解的问题，通过查找资料找到答案。最后还有一项选择性的任务，就是在观察动物和查找资料的基础上，思考一下这个动物具有怎样的文化意义。

下面这篇文章的小作者，已经是北京大学的学生了。在我跟她聊到这篇文章时，她竟然还记得这次写作的经历。而她现在从事的科学研究，跟完成这次任务有很多相似的地方。这样的结果让我看到生活写作更深远的意义。

龙猫——“兔兔”

2018届9班　洪如一

【观察篇】

一、喂食时

只要看到有人在门前打开左下方的食物柜，只要它醒着，就会立刻跑出来趴在笼门上，两只爪子紧紧地抓住笼门的两根柱子，着急时甚至会摇晃起来，摇得门“哐哐”直响。它的尾巴弯曲向上扬着，眼睛极其仔细地注视着你的举动，一旦你有大的动作，它便连带着脖子也动起来。如果你不是要给它食物，它就会愤愤地连蹦带跳地回到窝里，生起闷气。如果你把一块它喜欢的食物送到它面前，它便会用近乎粗鲁的动作抢过食物，躲到人碰不到的地方，“咔嚓咔嚓”地尽快吃掉食物，然后再次跑出来，用渴求的目光看着你，看看你能否再给它一点。

二、被抱住时

一旦被人抱住，首先它会一脸懵地待上一会儿，过几分钟才慢半拍地想起来要挣扎。它挣扎时会先观察好哪儿有空隙，然后后脚掌发力一蹬，尽力一跃。没有经验的人很容易就会让它逃脱。当然，像我这样和它斗了几十回的人可以判断出它的去路，一来一往，好不有趣。

三、“兔兔”的脾气

“兔兔”的脾气比较温和，不会伤人。但它生气的时候总会做出如下几种举动：躲在窝里狠狠地挠着墙壁，要不就是屁股朝着你，任你怎么呼唤也不会出来。这时候最好的方法就是给它一点儿零食。

“兔兔”在陌生人来时会显得格外激动，跳跃动作也更大更猛，显得有点神经质，其实它是害怕。龙猫是一种很胆小的动物，人一多就会不安。

四、生活习惯

其实龙猫没有网上说得那么娇气。如果你在网上搜怎么养龙猫，搜出来十条，就有五条跟死亡有关。比如，气温超过35℃就会中暑死亡；再比如，不能被蚊子叮咬，一叮就会死。这让我在刚尝试养龙猫时总会担心第二天醒来会见到一具直挺挺的龙猫尸体。不过其实你只要给龙猫吃好喝好、保持卫生，偶尔放放风，不让它得抑郁症，天生乐观的龙猫就会很健康快乐。

【知识篇】

一、龙猫的基本情况简介

龙猫：毛丝鼠(学名Chinchilla lanigera)，是啮齿目毛丝鼠科，毛丝鼠属动物的统称。龙猫的别称还有美洲栗鼠、绒鼠、绒毛鼠、金丝鼠等。

短尾毛丝鼠体型较大，体长30厘米~38厘米，尾长10厘米左右；长尾毛丝鼠体型较小，体长24厘米~28厘米，尾长14厘米~15厘米。一般雌鼠体重510克~710克，雄鼠体重425克~570克。前半身似兔，后半身似鼠。耳大钝圆，尾毛蓬松，眼睛明亮，鼻端两侧有许多长须。标准毛丝鼠皮毛呈蓝灰色，腹部渐淡至白色，腹中部有分界明显的白色条纹。

二、分布范围

世界：野生龙猫分布在南美洲的秘鲁、玻利维亚、智利和阿根廷等国；人工饲养的龙猫在西班牙、北美、欧洲、日本、澳大利亚都有分布。

中国：分别在东北、华北、西北等省市试养成功。

三、与人类关系

野生：列入《世界自然保护联盟》2008年濒危物种红色名录，以皮毛漂亮柔软而闻名于世，由于受到人类大肆捕杀而濒临灭绝。

人工养殖：作为宠物出现，使用室内笼养方式，已培育出白色、黑色、蛋黄、浅灰、棕驼等数十个不同色系。

【文化形象篇】

一、文化形象

关于龙猫的影视作品最著名的便是宫崎骏的《龙猫》。其实第一次看完《龙猫》我心里有点疑惑，因为在整篇作品中，龙猫的出场时间并不算特别多，最多占三分之一。但后来仔细思考，发现龙猫都是在主人公最无助、最害怕的时候出现，并帮助他们实现愿望。所以龙猫的形象代表温暖、善良，自身还有着很神奇的能力。在动漫《龙猫》中，龙猫的形象是憨憨的，很可爱，很温和，有着让人忍不住信赖的魔力。在整部影片中，龙猫成了小美和小月的精神慰藉，是一个治愈人心的形象。日本本土传说中，龙猫是山上的精灵，善良单纯的孩子才能看见。

二、现实关联

1. 温暖、善良：龙猫的皮毛特别柔软，抱着特别舒服和安心，捧在手里暖融融的一团，让人感觉特别温暖。眼睛黑到了一定程度，给人天真无邪的感觉。

2. 憨厚、可爱：龙猫属于夜行动物，你醒着的时候它都在睡。在宫崎骏的动画中，小美第一次见到龙猫时它就在睡觉。老睡觉的动物给人一种憨态可掬的感觉。

3. 温顺、温和：龙猫性格温顺，你怎么逗它，它都不会反抗。在《龙猫》中，两只小龙猫第一次见到小美时撒腿就跑，后来才很亲近。这点和现实中的龙猫也很像。龙猫生性胆小，见到陌生人会很怕，但熟了之后就会跟你很亲近。

点评

本文从对自家养的小龙猫的细致观察、生动记录，到了解龙猫的相关知识，再到结合现实解读龙猫的文化形象。这篇小文充分展现了这次活动的意义：将生活中的“伙伴”与动画中的形象建立起联系，并借助自然属性来加以解释。

（二）遇见与思考

学习简案

课型	基于单元“动物世界”主题的多元写作
学习重点	基于日常对动物行为的观察和关于动物与生活关系的思考，进行个性化写作
实施要点	围绕学生自选主题，发现生活中已有记忆的写作素材，进行写作
成果亮点	作文更贴近生活，体现出学生与动物相处中的敏锐感受和细致思考

接下来的一年，我又教初一年级。想着怎么也得在前一年的基础上来一次“教学升级”。既然，我们之前是要求孩子们选择喜欢的动物作为写作对象。那么是不是可以把获得写作素材的方式——从进行新的“留意观察”提升到在以往生活中“寻找发现”；把写作的方式，从记录、查找和分析回归到更贴近内心表达需要的思考与抒情呢？

有了这样的想法，我在布置写作要求的时候，给了孩子们更为开阔的选材空间，并在课堂上请养宠物的同学分享自己的感受，请总是与野猫“不期而遇”的同学聊聊故事。然后大家也讨论了在城市生活中，动物伙伴带给我们的温暖和力量。

然后，孩子们的作文真的有了提升——

猫的感情

2019届3班　和雨彤

很多人说，猫是没有感情的，因为从表面来看，猫要做的事只有吃、睡、玩，没有需要记住的人或伙伴，但是我想告诉那些人：猫有感情，而且非常重感情。

秋天和冬天是生命最容易消逝的季节，我家那些“已故”的猫狗的“忌日”都集中这段时间。几天前是我家一条叫“雨点”的小狗的忌日。出于怀念，我站在门口，向着我最后一次带它去医院的路，喊了几声它的名字。出乎意料的是，家里那只已经很久不运动的老猫飞奔而出，站在门口来回张望着，半晌不见狗的踪影，便慢慢沿着那条路向前走，每走几步就停下来到处看看，好像狗就躲在某个草丛后面，还会出来与它相见一样……

这只猫和那条狗关系极好。猫总在偷食物时给狗带一点，狗总在猫被欺负时保护它。它们的关系简单而美好。或许我把它们写成打打闹闹的样子会更好，但是现实与故事总是有区别的，现实中不只有

“失去了才懂得的温暖”，也有永远不会消散的余温。猫狗间不只有敌意，也有一种相依相守、不离不弃的感情……

最后一次狗去看病，就再也没能回家。所以猫只看到狗被带走，并不知道发生了什么。我以为它是因为这一点才一直等着狗回来的，后来却从一篇文章中了解到，猫的感知极其灵敏，完全可以“看”出狗有问题，而且，猫在寻找狗时，根本不需要用眼睛，凭嗅觉就够了。或许，猫只是单纯相信，狗还会回家。信念，是不能，也不需要用科学解释的……

点评

每次读到这篇文章，我都会在脑海中想象小作者笔下的场面，不禁心酸。想起我小学二年级的时候，曾经有一只老猫叼着刚出生不久的小猫跳到我家阳台。这件事带给了我无限的欣喜和快乐。为了留住它们，我努力更听话、认真学习，甚至在小猫在我的小床上蹒跚学步的过程中，勇敢地接受了自己睡觉。可是，妈妈还是觉得它们会影响我的学习。不久后，它们被送走了……这件事之所以让我至今记忆犹新，可能是因为儿时小小的忧伤吧。但读了雨彤的文字，我们也许会明白：猫猫狗狗，用它们的方式教会了我们很多。

遇见

2019届3班　褚菀祺

今天是个难得的好天气，在经历了冰冷的雨水和令人窒息的雾霾后，北京终于重现蓝天。早上下楼跑步，跑到桥边时，我又不自觉停下了脚步，再次细细打量起矮灌木下那个偏僻的角落。哟！你好，我们又见面了！一只小小的蜗牛正努力顺着灌木往上爬。那只蜗牛，是我上星期在雨天遇见的。看着它坚持不懈往上爬的小小身躯，我不由得想起我们初次见面的场景……

“滴答，滴答……”雨珠不断地落下来，整个京城仿佛罩上了一层薄纱，雾蒙蒙的。与其说这是雨，倒不如说是细若牛毛的丝线，虽然小，但绵绵不断，让人心烦。那天我还是坚持下楼去跑步。户外的冷气和湿气钻进我的领子里，渗进袖子里，我不由自主地加快了脚步。就在我气喘吁吁跑到桥头弯腰喘气的时候，一片矮灌木中，一只小蜗牛闯入我的视野——对！就是它！

它在淅淅沥沥的细雨中，正顺着灌木努力向上爬，一步、两步、三步……它爬得那么慢，慢到有多少人匆匆离去却没有注意到它的存在。然而它又爬得那么稳健，一步一步，从未间断。我被眼前这个稳扎稳打的小家伙迷住了！

这时，它的触角轻轻抖动了几下，也许是因为身上背着的“房子”太重了，它略微停留了几秒，正要前行，一滴水珠落在它的背上。我本以为这样一来它会马上缩进“房子”里躲起来，可是出乎意料的是，待确认周围没事的时候，它又开始前进了。

温暖的阳光照到我身上，把我从记忆中拉回到现实。看着眼前这位久别重逢的老朋友，耳边又想起那首歌：“我要一步一步往上爬，只待阳光静静看着它的梦想……”我们每个人都是这只小小的蜗牛，都有一个努力向上的梦想。在你努力圆梦的路上，风雨总是如影随形的。然而，阳光总在风雨后，只有经历了风雨的考验，永远保持积极向上的心理，方能遇见最美丽的彩虹。

“你好！加油！我们一起努力！”我喃喃地对我的“朋友”说。

点评

其实，这个孩子遇见的可能并不是上周遇到的那只蜗牛。那又怎样呢？每只蜗牛都是这样执着而努力的吧？又或者说，这一切不过是蜗牛的本能行动而已。可贵的是，一个奔跑的孩子能停下脚步看到它，能静静地观察它的举动而不打扰，能有积极向上的联想和思考，最终化作自己努力的动力。具有这样心理素质的孩子，会拥有美好的人生。

（三）反思与共情

学习简案

课型	基于单元“生命本精彩，旨趣亦纷呈”主题的多元写作
学习重点	将阅读学习获得的写作手法和主题表达等知识点，与日常对动物行为的观察和关于动物与生活关系的思考相结合，进行个性化写作
实施要点	围绕学生自选主题，发现已有生活记忆中的写作素材，进行写作
成果亮点	文章贴近生活，表达出体验和思考，更彰显出学生纯真善良的品质

2019年，我们换了教材，使用教育部审定的“人教版”语文教材。在七年级上学期学到与动物相关的单元的时候，我发现阅读内容丰富了很多：有郑振铎先生充满内省的小说《猫》；有劳伦兹充满科学精神和平等爱心的《动物笑谈》；有蒲松龄的讽喻故事《狼》。这是在引领孩子们了解近代思想家、行为科学家和古代文学家如何表达对动物生命的理解。于是，我们的阅读学习与写作训练有了一个更为综合的主题——“生命本精彩，旨趣亦纷呈”。

孩子们认真体会了阅读文章的丰富内涵后，学着作家的思路写自己和动物的故事。分享的这几篇，都给了我很大的触动。因为我不光看到了可爱的动物，还看到了孩子们纯真善良的心灵。

生命的自由

2022届8班　黄隽楷

小时候，我十分喜欢鸟，尤其是毛色鲜艳漂亮的鹦鹉，于是我便央求父母给我买一只。也许，对于当时的我，鹦鹉就只是一个会蹦会叫的玩具。

它极为聪明，甚至学会了开鸟笼的门。一次喂食时，我就发现它已经将门打开了一条缝。我特别生气，认为它是我的“财产”，应当接受我的“管制”。我便用一根线将鸟笼的门与笼身系在一起，紧紧绑住，不让它有可乘之机。

在有鹦鹉的日子里，闹钟都不需要了，每天天刚亮，它便叫开了，叽叽喳喳。有时，我起床的第一件事，就是到阳台看看我的鹦鹉。后来我惊喜地发现，它的叫声还会引来其他的鸟儿。可惜我一过去，它们就都飞走了。

我原本以为有鸟儿来“做客”是一件好事，后来我才发现，那些野鸟似乎勾起了鹦鹉对自由的向往，它一天比一天烦躁，特别是阳台上出现一些鸟儿，歪头歪脑地叫着或飞过时，它便叫个不停，还不停地扇动着翅膀。我坚决要将它的这种想法扼杀在摇篮里——因为它属于我，它是我的！为了不让它飞走，我将鸟笼从阳台拿了进来，放到了沙发边，可这也不是长久之计。

终于，那一天还是来到了。这只鹦鹉竟趁着我一时疏忽没有系好笼门，飞了出来。当我追到阳台时，它正站在对面的梧桐树上，高傲地看着我。“好吧，你赢了！可你又不是野鸟，会饿死的！”我心中想，然后天真地等着那个“调皮”的鹦鹉来找我要小米吃。但它并没有。“它一定是死了，它死也不肯回来……”我越想越伤心，竟大哭了起来。

可那时的我怎么会知道，对生命来说，自由是最可贵的——可以挨饿，可以被天敌追赶，甚至可以死，但只要有自由，就依然是最幸福的。每个生命都有自己的追求，尤其是那个埋藏在心底的志向，只要时间适宜，它就会扎下根，迅速生长，就如这鹦鹉。不要以人类的眼光看它们，它们从来不是为了人类而活着的。

自由才是它们的志向。

点评

这篇文章里那些小主人的心理活动描写，深深震撼了我。这种“控制欲”，何止存在于主人和宠物之间？作文里表达的“对于生命来说，自由是最可贵的”也一样让我动容，让我们都记住这句话，尊重所有的生命。

从未谋面的你伴我成长

2022届17班　吴黄萱

“乖乖”，是母亲小时候养的一只哈巴狗，它从小就比它的姐妹们瘦弱，很容易被欺负，往好处说，它也因此养成了乖巧、听话的性格。虽然我出生的时候它早就走了，可是它的故事却陪着我长大。

在我小学一年级的时候，看着别人“遛”着的泰迪、宠物店的比熊，我总是扬起小脑袋问妈妈：“我们也养一只小狗好不好？”妈妈总是笑着问：“那狗狗的吃喝拉撒你负责喽？”“当然！”我答应地很爽快，妈妈却没接话茬，而是给我讲了个故事：妈妈小时候养了一小窝小奶狗，其中最瘦的那只因为无论它的姐妹们怎么欺负它，它都不还手，于是起名叫“乖乖”……我听得入了迷，想象着这只曾经被年少时的母亲宠爱的小狗是什么样。

大概是三四年级的时候，在我的一再要求下，爸爸把一只别人寄养在单位的小狗借来让我养了一天。等小狗送回去后，我又缠着妈妈要她讲“乖乖”的故事。妈妈便开启了回忆，接着往下讲。等“乖乖”大一点后，姥姥从外面骑摩托车回来，刚进大铁门，它就会以百米冲刺的速度狂奔下楼，在楼下等着。终于迎到了姥姥，它又扭着胖胖的屁股跟着姥姥上楼。后来妈妈上了大学，在北京读书，半年才回一次家，“乖乖”照样认得，妈妈一到楼下，它就会飞奔下来，兴奋地在妈妈脚边跑来跑去。我不由得笑了，这么可爱的小狗，谁不喜欢？

五年级那年寒假，姥姥走了，这是我第一次接触死亡。清明节回老家扫墓时，妈妈把“乖乖”的故事讲完了：有一天，姥姥起床后没看到它，就在家里找它。找完这头找那头，找完卧室找厨房，都没有找到。眼看中午了，姥姥不免着急起来，最后竟在一个箱子里找到了它的尸体。原来它知道自己大限将至，不想主人伤心，躲了起来。我听后眼睛湿润了，这么通人性的小狗，除了不会说话，和人有什么区别？

从小到大，随着成长，“乖乖”的故事一点点丰满起来，虽然没见过面，但它的故事在我家会一直延续下去。

点评

在列提纲的时候，小作者就跟我说，她想写写妈妈的狗。那时我觉得这个切入点挺难写的，但看着孩子眼中闪烁的光，我还是鼓励她写下去。于是，我看到了这样一篇富有岁月感的文章，浓浓的温情和淡淡的伤感，萦绕不去。生活写作，带来了无限的可能，好文出自真情实感。

森德梅尔的故事

2022届17班　朱雯嘉

我有一个关于鸽子的故事——一个几乎改变了我一生的故事。

故事的主角不是沉睡的公主、封印的魔狼，也不是落魄的王子、美丽的姑娘，而是一只出生在法国、拥有着纯色血统的黑色翻头鸽——森德梅尔，它的父亲和母亲被农场主以高价出售，不知所踪。

森德梅尔与群鸽一起学习飞翔，学习起飞和降落，也学会了如何围着农场上空盘旋打转，自然也跟着它们学会了如何讨好主人以得到每天早上的花生糊。

鸽长者告诉它，这个农场就是整个世界，逾越了它便得不到富足和安宁——当然，也得不到每天早上的花生糊。

在一次飞行中，它下意识地向地平线望去——下一秒，它惊呆了，甚至忘记了舞动翅膀：它看到了外面的世界有潺潺的山泉，有阳光照耀的小石子，茵茵草地，荼蘼花开，还有各色的小鸟，像彩虹一样深深浅浅地织成一片——它承认，它被这些景象深深地震撼到了。

它打定了主意，有朝一日一定要逾越这藩篱，去往外面的天地。

它将这个想法告诉了朋友，可它们都对这个胆大妄为的想法给予否定，毕竟它们可没有多余的性命可以挥霍——也没有这位勇士的雄心壮志。

就算如此，它依然下定决心要飞出去。

“鸽子和其他鸟类一样，应该拥有海阔天空的世界！而我，会是这里第一个拥有它的鸽子！”它鼓励着自己。

然而坏消息传来了，有人看上了它的黑色羽翼和优良的血统，决定高价买下它，农场主欣然同意。森德梅尔觉得时间紧迫，必须找个机会逃走，否则等待它的只有人们口中巴士底狱般的生活。

某个早上它落在天线杆上，看到肥胖的农场主扛着一根长棍，揣着一把鸟枪来到电线杆前，它就笃定农场主是来捉它的——脑海中闪现过这个想法后，它骤然鼓动羽翼，扶摇直上、乘风而去。森德梅尔感觉着风从侧颈呼啸而过，抚平它的颈羽，这是击破了牢笼的象征。它洋洋得意，但忽然感觉右翼有强力风流鼓动，它不敢回头，它能猜到这是什么——被鸽长者称为“鸟网”的东西。

它能依据风流判断出鸟网的角度极其刁钻，如果它现在右转，那么它的一只翅膀就会被缚起来；左转同理；倘若它向前飞，那么网就会把它捆个结实。森德梅尔决定赌一把自己的运气，它要在没有任何人教过的情况下，自己翻一个变化莫测的跟斗。

很难说命运之神在它闭眼的那一刻是否向它微笑过——但是事实摆在眼前，它成功地翻了“鸽生”中第一个跟斗——然后它振奋精神，调整角度，宛如离弦之箭般，朝着无垠天空振翅而去。

从此，它拥有了海阔天空。

很多年之后，它在林间打猎的父子口中得知，“森德梅尔”就是法语中“Ciel de mer”（译为“海阔天空”）的意思，它豁然开朗，终于明白自己为什么会这么向往海阔天空了。

我们生来就拥有海阔天空，也依旧为了海阔天空而奋斗。不是吗？我亲爱的朋友们！

点评

把自己对于成长的理解、奋斗的追求和勇敢的梦想，赋予一只翻头鸽，真是让人想不到的创意。在我的作文课上，看到这样的文章我很激动，我专门找到这姑娘，请她给我讲讲什么是“翻头鸽”。她神采飞扬地解释了半天，最后跟我说——这个故事也代表了她为什么选择上北大附中。我想，我懂她的意思！

三、读懂书中的草木动物

学习简案	
课型	阅读与草木动物相关的书籍，在有所感的时候完成随笔作文
学习重点	在书本阅读与生活体验之间建立联结，形成对自然、对生活的更为立体的感受和理解
实施要点	学生自由确定阅读内容，阅读中要发现与生活相关的切入点，进行品味和思考
成果亮点	少年视角的阅读感想，比原作本身更有感染力，激发了人们对自然的关注

能有机会与大自然亲密接触，的确是件美好的事情。但我们的时间毕竟是有限的，学习和生活的束缚，也让我们没有那么多说走就走的旅行，甚至没有那么多时间去等花开、听鸟语。还好，我们可以阅

读啊！我常常跟孩子们说："多读书，能让我们在有限的时空里获得无限的可能，不仅能让我们回到过去、看到未来，还能让我们发现很多自然界的奥秘。"

正因为如此，我常鼓励孩子们读一些与草木、动物相关的书籍。他们读过不少相关图书，写作的角度也各不相同，把这些作品整合起来，一个更加美好的世界就会呈现在我们眼前。

天涯何处无芳草

2019届2班　张羽彤

走在北京大学的校园里，你可曾注意过脚边在微风中摆动的草茎？我就是抱着和它们交朋友的心，翻开了《燕园草木》。

一本小小的书，从小小的迎春花到高大的雪松，囊括了一百八十五种植物。书主要分为三个部分，植物的简介、植物的图片和从散文中摘出的对植物的描写。有人对我说，这本书上有很多植物学上的专业词，比较难懂，但我还是决定读一读。在细细品完整本书后，我将它合上，心中有一句默默的感叹："每个角落都有自己的草木，而每一棵草木又都有自己的故事。只要留心，这一抹绿又有何处见不到呢？"

纵观一百八十五种不同花草，散落在燕园的各处。有点地梅——低调、温和的天使；斑种草——无缝不入的小精灵；山桃——带来一抹绿色的使者；牡丹——天生富贵的公主……书中用诗一般的语言一一将它们描绘。

你可能从未注意那些小小的野草，比如抱茎小苦荬、中华小苦荬"姐妹俩"。大片长在山坡上的它们，在路旁草坪上、花园里也很常见，常常被我们随手摘下，也常常被我们忽视。连它们的名字，我们可能也不甚熟悉。这些毛茸茸的小野花成片成片地长在草坪上，可能被误认为紫花地丁，只是因为它们有时会开出紫红色的花。对于小苦荬“姐妹”，书中说它们“向春天和最贫瘠的土地绽开灿然狡黠的笑容”，地黄则“显得有些虚幻，又仿佛在逗弄光影”。

记得有一年夏天，我在小区里的草地上玩，蹚着过脚脖子高的青草，俯下身去研究一种小花：长长的，长着绒毛的茎，托着许多叶片，最上面像一顶蓝白相间的小帽子一样，有一两朵小花苞。这种草我经常见到，但从未细看过。那天，我被它震惊了。不到我指甲盖那么大的花，上面竟有如此精细的纹路……后来才知道，它叫斑种草。

天涯何处无芳草——苏东坡笔下的佳句时时在耳边萦绕。是啊，每个角落，都有自己的绿色。只要你肯听，它将为你讲述最动听、最自然的传说。

点评

我们的校园，就在北大燕园的旁边，孩子们常常会去北大校园里寻花识草。《燕园草木》是最好的导游。读懂这本书，就会发现自然的魅力无处不在。

读《书房花木》

2019届2班　师嘉蔚

有人说：“我对着影子写生，却画了一棵树。”我很欣赏这种说起来有点寂然的境界——在生命的阴影中绘出生活的青葱。

——引子

这是我第一次接触并阅读有关自然的文学书籍。刚收到这本书时只是拿它当成一本植物科普书来读，并没有什么特别的兴趣。直到我忘记我看到了哪里，重新从第一页开始读的时候，那种引人深思、发人深省的震撼，是前所未有的。尤其是这文章的引子，也就是全书的

第一句话。

我是这么理解的——当你身处困境时，不要沮丧或悲伤，用生活的调色盘为只有黑白两色的生活添上属于自己的颜色，那么生活将会变得丰富多彩。

当然，这同时也是一本有关植物科普知识的书。我以前真的不知道香港的市花紫荆是在冬天开放的，我深深地为紫荆花的精神所折服。它虽然没有同样在冬天开的梅花那样的一身傲骨，也没有春天的一朵无名小野花的那种朴素，但是它在寒冬中勇于直面风雪的洗礼，一边疯狂地凋谢，而另一边又在拼命地开着一朵朵的花，开了再掉，掉了再开……风雪过后，紫荆还是一树艳丽的花朵，然而人们并没有发觉，在这一树明媚的树根旁，在这一层厚厚的积雪间，夹杂着无数“零落成泥碾作尘”的花瓣，如同在白中掺杂了几丝血迹，美得残忍，美得惊人。

书中令我印象非常深的还有两段话。第一段是，作者以真诚的口吻去劝告读者放下书本，走出家门，探寻天地和大自然的奥秘。他用自己的方式“用纸笔回报花木”以后，又鼓励每一位读者，都能够在自然中发现乐趣，用自己的纸笔，回报自己欣赏的花木。而另一段则是——人属于自然，因此我们的一切也都属于自然，我们应当珍惜自然的一切。原文没有直接告诉我们这个道理，但它能够通过另一种方式让我悟到这一点。

《书房花木》，它虽然介绍的仅仅是书房中的比较常见的植物，但是作者根据每一种植物的特点和相关文学作品，为其注入了鲜活的生命力，可以说，这是一本文学与植物学交融的结晶。

点评

“这是我第一次接触并阅读有关自然的文学书籍”，这篇文章开篇直接写出了这次阅读及写作的重要性。即使是小作者这样热爱阅读的孩子，也会有忽视的领域，而我们的这次阅读，带着大家走进了一个新的领域。花木以鲜活的生命力，为生活注入了最好的色彩。

岁月静好，现世安稳
——《植物记：海南篇》读后感

2019届2班　王楚媛

先说一下我是怎么选中《植物记：海南篇》这本书的。当初选书的时候，为了能够选到更符合自己口味的书籍——或者说是我这种浮躁的人也能读得下去的书，一本一本地在网络上搜索老师的推荐书目里比较感兴趣的书名，一篇一篇地翻阅书评。在看到这本书时，我先是被简单清新的封面吸引，有一种耳目一新的感觉。虽然书评显示，读者对于这本书的评价褒贬不一，但我最后还是选择读读看。

这本书并不会像其他书，没有表达什么很高端、很厉害的观点。它只是平平淡淡，很日常的。用温暖又清新，简单却不失想象力的文字，记录了文艺女青年与海南岛上植物的一个个故事，并由此抒发了对植物的感观。

这本书是科普散文集，因此每篇文章之间没有多少联系，也没有什么曲折的情节，所以我不必花费整块的时间来读它，在车上、课间，把比较碎片化的时间利用起来，就读完一个个小故事。有人不大喜欢这种类型的书籍，觉得没什么意思，我却对这种温暖、日常、平淡如清水一般的书毫无抵抗力。

我会把它当作一种消遣。相信大家都曾经有过这种感觉：学习或工作时间久了有点乏了，想调整一下心情，即使不能重新精神抖擞，能获得一些平静也行。每次在这样的情况下，我会去重读这本书。没有剧烈的爱恨情仇，只有一个个神奇、美丽又平和的植物，不用为了理解某一段内容而冥思苦想，温暖又清新的语句会轻轻扫掉你的坏心情。

当然了，内容好才是硬道理。在介绍某种植物的时候，作者会充分发挥自己的想象力，将一个个沉默着的植物刷上五彩斑斓的色彩：椰子是来自热带的信，莲雾是青春的面孔，青梅是自我指引的水滴……通过这些感情丰富且高度凝练的句子向我们传情达意。文中也有带着丝丝神秘色彩的传说，通过作者的文字徐徐道来。

在作者笔下，植物变得生动起来，好像有了自己的感情、不同的性格：苦楝花"疯狂而同时又温柔"，文殊兰"纤细却开得烂漫"，黄槐决明"单纯嘹亮"……也许你会说这不过是作者为那些植物强加上了自己的感情，但不得不承认，正是因为加入了属于人类的思想、情感，让那些不会说话的植物表达自己，一切才会变得如此生动有趣。

我很喜欢这本书，阅读它会有一种岁月静好的感觉。

点评

这篇文章的小作者，是个很沉静的女孩。她能把一部关于植物的科普书，读出岁月静好的味道来，真是令人赞叹！可能也只有这种心静得下来的孩子，才能品出"一切景语皆情语"的道理。

解读《昆虫记》

2019届3班　罗锦易

人们把《昆虫记》称为"科学与诗的完美结合"，这不是在开玩笑，的确是综合了《昆虫记》的科学性与文学性给出的客观评价。虽然我阅读时只读了其中的一部分，但从章节的分布与语言的使用上已经感受到了法布尔在写作时对这两方面的兼顾。

从科学性来讲，《昆虫记》的科学、严谨主要体现在法布尔的表达方式与行为方式以及法布尔探索的精神。作为一部科普文学作品，

《昆虫记》中却常常出现“我并没有观察到”“我不能确定”“我不得而知”等不确定性描述。这与其他的科学普及性书籍不同，它没有推测，没有敷衍，所有的结论都是实事求是。比如说在观察多毛长足泥蜂时，法布尔写道：“即使我真的全部看清楚了，也有必要再去观察一次，以保证观察结果准确可信”，这便充分体现了法布尔在观察时、写作时一贯认真严谨的态度。所以我认为《昆虫记》在对我们进行科普的同时，它的科学性主要体现在这本书中所描述的探究与得出结论的过程。

而再从《昆虫记》的文学性来分析，其实法布尔的写作与我们的写作有很大不同。法布尔的语言直白简朴，他并没有把精力放在加工辞藻上，而是在重点部分使用了自己的感受、看法来填充：“我很渴望再看一遍”“这是项很恶心的工作”，再加上文中有些地方有记叙性的日期出现，导致《昆虫记》有时会显得像观察日记，比较生动、近人。这种方法我认为可以学习并应用到我们对于事件的记叙文写作当中去。

最后，《昆虫记》中将科学性与文学性结合的部分体现在：《昆虫记》作为一部科普文学，它既不似学术论文般专业，也不似文学作品般有文采。它在这两方面都做出了让步，而正是这样才能使这两方面的天平维持平衡，从而结合在一起。简单从文字上看，它既舍弃了华丽的辅助文藻，又没有一堆堆的专业术语。但这看似普通的文字却更加生动近人又富含知识，达到了两者的融合。这告诉我们：有时写作不须面面俱到，适当地作些取舍，使其他部分不冲突，便可达到事半功倍的效果。

总的来说，《昆虫记》看似构成简单，但富含科学性和文学性，并且用了十分巧妙的办法将两者结合。我只阅读了全十卷的一小部分，但只从这一小部分已经可以看出，它不愧“科学与诗的完美结合”这个称号。

点评

这是一个理性而沉稳的男孩子对于一本人人都在看，但又似乎很少有人细细品读的经典科普著作的分析。与其说是读后感，不如说是篇小书评，本文能与原作有着相似的清晰逻辑，同时又传达着个人对法布尔及《昆虫记》的深入理解。令人赞叹。

书间草木
——《诗经植物图鉴》阅读报告

2019届2班　周安若

自然是什么？一个充满绿树和小动物、鸟语花香的世界？一个迷雾重重、神秘梦幻的故事？抑或是一个可以倾诉不快、愿意聆听的伙伴？自然，其实是一个与我们密不可分的朋友。“美人如诗，草木如织”，古典诗歌中的草木，更是印证人与自然永恒缠绵，让我们一起走进《诗经》，通过潘富俊这本《诗经植物图鉴》来寻求人与自然的和谐共存。

本书作者潘富俊利用自己的特长，以自然科学与古典文学邂逅的创意方式，把彩色图解工具书应用到中国古典文学领域，以清楚的解说和清晰的图片介绍《诗经》中的一百三十五种植物，填补了以往与《诗经》有关的书中对植物介绍的空白。

初次拿到这本书，有一种优雅古朴的感觉。翻开纸张，优美的文字和清新的图片无不让人耳目一新，可当我开始阅读时，不免感到有些乏味，这样一本百科似的书籍，着实没有小说吸引人。不过很快我就找到了这本书中最适合我的那一部分，它们就位于每一页的右下角，是作者用来补充说明的文字。这里面可有不少精华，比如下面这个例子，就是我从这个板块了解到的：

这个植物名字叫“莠”，瞬间我就联想到了“良莠不齐”，这是个指“好坏都有，混杂在一起”的贬义词，究竟是什么样的植物，会这么不受人喜爱呢？其实，“莠”就是狗尾巴草，这种路边常见的野草。它不招人喜欢，自然是因为狗尾巴草幼年时期外形与禾稼十分相似，导致人们除草时一不小心就把杂草放了过去，不利于作物的生长。在古代这种以农耕为基础的生活模式中，一切对作物有害的东西都不受欢迎，而狗尾巴草也就被说成“坏草”，更是由此衍生出了许多贬义词，如“不稂不莠”“良莠不齐”。这段补充说明不但让我了解到了古代人民的生产、生活方式，更让我学到了许多相关的成语，十分有帮助。

除了补充说明这一部分外，《诗经》原文也给整本书增加了很多古典的韵味。你可以一边欣赏美丽的配图和详细的解说，一边吟诵古老的诗歌。将人的文化与自然的风情融合在一起，这本书的价值发挥到了极致。

先人智慧的结晶经过岁月的淘洗更显莹润光辉，今人用新的视角给予古诗以平实的诠释，让人产生了新的体会和认知。文学是生活，自然同样也是，它们都需要你去亲自感受。

自然如诗，诗如你。

点评

相较于理性冷静娃，这篇文章明显体现出文艺少女的细致入微。首先是书籍的选择，《诗经》对于很多孩子来说，可能是古老而高远的存在，但有了潘富俊的解读，我们仿佛可以穿越千年，与先人一起赏花、分辨良莠了。小作者对于书籍内容的细致阅读，重点介绍每页右下角的补充说明，强调书中诗经原文和配图、解说结合的巧妙之处，让我们看到这本书的现实价值，也让我们看到文学的意义。

我们和周围的一切都属于自然

2019届2班　乔治

“找寻一种探索周围世界的新途径”，这就是这本《笔记大自然》的主旨和中心思想。也就是说，我们要观察生活，记录生活。这本书分为四个部分，十一章，教给你什么是自然，如何观察，怎样去写自然笔记。自然笔记就是用文字描述和图画描绘，记录下人们一生中最美好的经历，让它们常驻心间。

什么是自然？自然的定义非常广泛，山川、河流、花草树木、动物昆虫……这些内容在人们的脑海中很容易与自然联系在一起，实际上，你和我和这座城市同属自然。因为你我同在蓝天下、绿树旁，吃的、穿的、用的都离不开动植物。所以我们为何不是自然重要的一部分呢？这些道理我在看完这本《笔记大自然》前是不懂的，书里对于“自然”的定义打破了我固有的观点，开拓了我整体的思路。

定义过“自然”后，“自然笔记”听起来也就没那么高深，那么难理解了。我就把它理解为观察、记录和学习你的生活环境。如今，我们会出去旅游、出差等，对各地的文化会有一定的了解，可我们却常常忽略了我们的家乡，并不了解它的故事。自然笔记给了人们一个放下一切，进入自己生活的环境，去观察了解一个地方的机会，可以是一次日常出行，也可以是一次在小区里的细致观察，因为自然无处不在。

这本《笔记大自然》也是在教我们如何去写自然日记。自然日记仿佛就是自然与文学和艺术融合后的一种载体，让你自己去寻找自然的奥秘，不仅用文字记录，也用画笔描绘了每一个生物定格的瞬间。其意义是自己制作一本“百科全书”，由此去改变自己生活的意义，改变自己对自然的看法和态度。

与单一文字的记录有所不同，图画对于自然日记很重要。画画是一种最简单直接的记录方式。哪怕没有文字，画画也可以记录生活。

绘画是一种形和神并存的复杂艺术，而写作本身就是高级的记录方式，它描述出整个事物，每当你看到这段文字时就能联想到当时的场景。这两种形式不容易掌握，所以书中也一直在给有意写自然日记的“初学者”们树立自信。没有人生下来就什么都会，想要干成一件事，首先就是要自信，如果连你自己都不相信，你很难把事办成。其次你需要去练习，画多了、写多了，水平自然会有提升。还有就是要坚持，你去写自然日记，收获定是巨大的。写作绘画的水平，观察能力的提升，对各个方面都会有影响，一切的前提都是坚持。以上说的这些，不仅仅适用于自然笔记的写作上，在生活中的每一件事上运用，它都会使你的生活更丰富、更有意义。

《笔记大自然》这本书讲述的是如何写好自然笔记，但它远远不止是在讲这一件事，其中也告诉你了做事的态度：自信、练习、坚持。每天的自然日记就像每天的生活，有简洁单一的文字，也有复杂绚丽的图画。有思想也有美感，拼在一起才是完整的生活。当你在坚持记自然日记一些日子后，你就会看到往日的点点滴滴，会看到进步，会看到成长。

点评

这个和小猪佩奇的弟弟重名的同学是个特别有思想力的人，对于这样一本书，他从概述内容开始带我们走进这本书，然后通过界定“自然”，解释绘画和写作两种主要方式在做笔记中的不同功能及价值来全面介绍这本书。文章总结了《笔记大自然》给自己的种种启示，与前两篇文章不同，本文更强调这本书给自己带来的深层改变与影响。写的是自然，悟的是人生。我喜欢他理性又细腻的表述，充分诠释了他的作文题目。小作者在语言和表达逻辑上再简洁一些就更好了。

源于自然，融于自然

2019届3班　和雨彤

在这个阅读单元中，我选择的书是《笔记大自然》，期间也穿插着看过一段《瓦尔登湖》，本文写作仍以《笔记大自然》为主。

在读这本书时，我心中一直是暖暖的。似乎还未出家门，就已经隔着纸张感受到了书中的大自然，看一片雪落，听一朵花开，同时也感受到了自己心中那天然的、对大自然的亲近与向往。以前，我认为人是独立于自然之外的，而这两本书告诉我，每个人都可以成为一个自己的“梭罗”，每个人都源于自然，也能融于自然。

书中一直强调对“何为自然”这个理念的探讨。自然，就是我们身边所有的一切。可以是上学路上远眺看到的西山，可以是教学楼前的一片草地，甚至可以就是教学楼本身，因为人类建筑从“自然”度来说，与鸟窝、蜂巢并无差别。我们与动物同属于大自然，只是不知从何时起，人类开始脱离了自然。欲望的围城——都市里的生活——冲淡了记忆中的颜色。我们常常忽略一个事实——我们只是大自然的过客。我们应当且必须敬重的不是“人定胜天”，而是自然。

在今天这个忙忙碌碌的社会中，想要放慢节拍、细细观察品味生活并不容易，每天抽出一点时间观察，或许会感叹：“我从未发现光线打在这个角落，是那么美！”渐渐的，就会产生一种归属感，那是一种情感上的满足。任何一个地方都属于大自然，而每个地方都有不同的感悟色彩。当你在一个地方找到归属感后，总会不经意地想起它，想起它的声音，它的味道，它的景色。那时，你已经成功融于自然。

人源于自然，也要融于自然。所以，请停下匆忙的脚步，闻一闻，听一听，感受一片风的轻柔，追寻一缕光的暖意。

点评

《笔记大自然》是一本手绘图解和文字的自然笔记。坦白讲，我翻看的时候，并没有像孩子们一样，读出那么多的思考和感受。看同一本书在不同孩子的眼中，呈现出理性与感性的不同色彩，是件很有意思的事。本文更强调把“自然”当作一种观察生活的角度，相信有了这一视角，你的生活会更美！

自然带给我们的启示
——《瓦尔登湖》阅读报告

2019届2班　陈景函

在没读这本书之前，我一直以为它是一本描写瓦尔登湖风景的书，像其他自然风景书一样，有清晨清脆的鸟鸣声，有波光粼粼的湖面倒映出的影子，有傍晚夕阳落下后的感慨沉思……但其实，它是一件法宝，能让你的心灵脱离城市的喧嚣，变得安静而不孤独，变得纯净而不空虚。它之所以能从那么多风景书中脱颖而出，是因为作者写的不仅仅是自然风景，更多的是作者看到了自然下面隐藏的宝藏、自然带给我们的启示。

“不听老人言，吃亏在眼前”，这是中国的一句谚语，但真的是这样吗？老人所经历的、老人所承受的、老人所收获的，或许的确比我们多得多，但如果我们一直像人类祖先那样用石头捕猎，穿草裙子，或许我们现在还生活在原始森林里。如果一直保持着最古老的生活方式，人类或许早就被不断变化中的自然淘汰掉了。自然不是一成不变的，它是千万般变化的。梭罗在他的野外生活中发现了这一点，希望以此来警醒那些古板的人，人类社会是需要不断进步、不断创新的。

披着狼皮的羊固然可笑，但更愚蠢的是披着羊皮的狼。把自己伪装成和善、温顺的羊，但内心却是恶毒的狼，这是可鄙的。要做就做一个诚心诚意的好人，被人欣然追随。那种表面上是个好人、背地里却不择手段达到目的的人，最后被揭去伪装，还是一无所有。梭罗用一个简单的、常见的小故事，却能使我们懂得许多。

现在的人需求越来越多，但人真的需要依靠那么多东西才能生活吗？梭罗在走进森林的时候只带了一把斧子，最后还不是有了自己的小屋，过得舒坦自然。所以，我们真正需要的只有那些必需品，那些最朴素、最本真的东西。拥有那么多华而不实的东西又有什么用？最朴素的或许不是最昂贵的，但它却是最真实的、最没有杂质的。

我读其他的自然类书籍，都觉得大自然是个曼妙的女子，或是个优雅成熟的女人。但我读这本书时却觉得大自然是个充满学识的长者。我从这本书看到了不一样的大自然，看到了大自然被隐藏了的、没有人争夺的宝藏，让我深刻意识到人类最好的老师或许就是自然本身。

点评

对初中生来说，《瓦尔登湖》是一本有些艰深的书，但小作者在《瓦尔登湖》的自然风景之下，看到了风景中隐藏的启示和哲理。通过作者对书的体验，告诉人们要真诚和本真，远离虚伪和世俗，可以说与梭罗实现了共鸣。

真我
——读《瓦尔登湖》有感

2019届3班　叶知航

什么是“真我”？我想我也不能完全表达出来，但是《瓦尔登湖》却可以解释，因为这本书就是作者在自然中寻找真我的实录。

一开始读这本书，我并不十分认可。作者梭罗深居在湖边，不理会世俗之事，又有什么资格去评论他人的生活？再说这本书中的辞藻深奥，语句乏味，并不能让人提起什么兴趣，直到我读到了一句话，它改变了我的看法：“我们生来就爱夸大我们所做的工作的重要性，可是又有多少工作我们还没有去做！”

也许人生就在探索与改变中度过。我们在一时一地熟悉和了解的不过是其中的一种生活方式。所谓“条条大路通罗马”，况且，我们的人生还有许多可以选择的变数。梭罗也许已触摸到人与自然交流的最高境界了，他可以从自然中看透一切，一切的一切。

一、我们的人生自己选择

人生是我们自己亲手创造来的，所谓“必经之路”不过是一些小的阻碍，阻碍我们做出发自内心的选择。“迫不得已”一说不过是自己退缩的借口罢了。每个人都有自己所热爱的，应当勇敢追求。在生活中，也许你生来就是“奴隶”，无论是金钱的奴隶还是自己人生的奴隶，但也许你奋力一搏就可以从此翻身。但你若是满足于自己的生活，你则深陷其中，最后迫不得已变为自己的监工。所以说，人生在于选择，每个人都应该为自己而活！

二、我们的人生学会尊重

我们的人生要学会尊重，尊重不光是一种礼貌，更是一种感悟人生的方式。因为尊重的对象不光是他人，还有自己的内心和自然的境界。为何哲学家总是住着简单、朴素的房屋？为何哲学家总喜欢深居山林？我想因为只有远离那些金钱、外在之物的打扰，他们才能看清真正的自己。当我们真正学会尊重自己的时候，才能走上真正喜欢的路。所谓世俗不过是他人的想法罢了，离开了他人的想法，才能活出我们自己的世界，遵从自己的内心，遵从大自然母亲，我们才能找回真我，找回只属于我们自己的自己。

三、我们的人生懂得享受

书中有句话道："在我心目中还有一种人，他们看上去很富有，实际上却是各类人中最穷的，他们尽管攒下了一点破铜烂铁什么的，却不知道如何使用它，也不知道如何摆脱它，就这么着拿着金银给他们自己打造了一副镣铐。"这句话的意思很清晰，给了我很大的启发。有些人是无能之人，他们并非创造无能，而是享受无能，这种人成了自己的监工，这才是最可悲的！享受其实说难也不难，享受在我看来就是学会放下内心的固执，放下一些无用的牵绊。这种放下并非让我们不要坚持，而是要在我们知道自己想要什么后再去坚持，只有这样才有可能享受，也只有享受才能体会真正的自我价值。

看过了这本书，我能在书中看到真我是什么。本书的作者梭罗早已看清了真我，更看清了世界。之前看书时感到乏味不过是因为我还不知道什么是真我罢了。《瓦尔登湖》若说是描写大自然的书，就不够恰切了。这本书建立于大自然之上却也没有拘泥于眼中所见的大自然，而是描述了梭罗在大自然中找到的真我！

点评

坦白说，我真的没有能静下心来读完整本的《瓦尔登湖》。但我依然把它推荐给孩子们，因为他们的心灵更清澈自然，更能读懂看似平淡的文字背后触动人心的深意。说实话，真的很难相信，上面的两篇文章出自14岁孩子之手，但又真的可以想象，只有14岁的孩子，才能写出这么清凉如水的文字来。

四、我们本是自然的一员

学习简案

课型	基于托物言志的阅读，学习“我在树间穿行”主题作文
学习重点	将对自己、对生活的理解与对不同树木特性的理解结合，进行托物言志写作
实施要点	以学生生活中常见的树木作为寄托情感或思考的对象，利于学生观察、思考，鼓励学生找到与树木特征吻合的点，完成写作
成果亮点	学生作品选材之独特、细节刻画之细腻以及思想内涵之深刻，超出预期

孩子们上了初二，学到了茅盾的经典散文《白杨礼赞》。我们在教室里，分析白杨树特点的时候，一个淘气的男生忽然说：“老师，让我们出去看看白杨树吧！”对啊！校园的道路两边，就有着参天的

白杨。

这让我想起上高中时的一个夏夜，自以为浪漫的我坐在树下长椅上仰脸发呆，看着伸向天空的杨树的枝枝杈杈胡思乱想，一个同学走过，忽然说了一句：“杨树是海底的妖怪……”她拉着我，还要描述一番她心底多姿多彩的想象世界，却吓得我一口气跑回了五楼宿舍。

还有那在毕业开花的合欢树、成为校园文创主角的银杏树、纪念校友莫潇燕的鹅掌楸……都在我们的生活和记忆中留下了多姿多彩的故事。

我把这些故事讲给孩子们听，他们也积极地分享着自己记忆中的各种与树相关的事情。在七嘴八舌的回应中，大家商议好以“我在树间穿行”为话题，写一次作文。

我没有想到，孩子们的作品也会带给我力量。在他们的笔下，树如其人——

我是一棵松树

2019届2班　赵栾博

如果我是一棵树，我希望我是一棵松树。

松树非常常见，在很多地方都有它们的身影。倘若你在美丽的公园里看到一棵树，它很可能是桃树、李树；但若是在危峰兀立的山头上顶立着一棵树，那么它极有可能是棵松树。

它可能并不怎么美丽，不怎么高大强壮，但它一定从骨子里有种坚韧不拔的精神。即使它的躯干在高山风雪的打击下变得弯弯曲曲，但它一定用尽了全身的力量顶在高山与苍穹之间，从不怠慢，从不停歇，就像李白在《南轩松》中说的那样——何当凌云霄，直上数千尺。

松树所生长的环境是恶劣的，悬崖间的缝隙、贫瘠的荒土地、无人问津的深山……但是从它的那颗坚韧的种子飘到那里的那一刻起，便注定了它生机无限的一生。不论春秋的微风和煦，夏天太阳的火辣抑或是冬天凛冽的风雪，松树都永远地站在那里，像一个百折不挠的勇士，在恶劣的环境下保持自我，不惧万物的侵袭，它会一直在那里挺立下去，几百年、几千年。

我希望我能是这样一棵松树，这样一棵坚强的松树。

它们并不需要任何人的照顾与施舍，它们的生长的能量来源于自己的根在蜿蜒穿过坚硬的土地甚至石头后汲取的能量。如果非要说它需要帮忙的话，只能是帮它将它的种子带到别处，创造一个新的奇迹。它能最大限度地贡献人类，其利用价值之高，远远超过它所获得的。

我希望我能像松树一样，不管自己在什么样的环境下都能保持真我。不因为环境太好而轻松懈怠，也不因为环境太差而放弃。永远不忘初心，不忘记应有的那种坚韧，能在梦想中一直挺立下去。我希望将来的我不会索取他人太多，却可以给社会、亲人、朋友更多回报。

如果我是一棵树，我希望我是松树。

点评

本文对松树的描写尽显作者的大气和豪迈。整篇文章里流露出的自信和自省，就是这个孩子平时一贯的作风。写松树的文章有许多，但本文行文流畅，表达思想时饱含感情又能信手拈来，是真性情的文字。

我是一棵桃树

2019届2班　蓝曼心

与其说我是一棵桃树，不如说我希望有桃树一般的人生。

很多人谈起桃树，想到的都是“人面桃花相映红”之类风花雪月的诗词。但我总觉得，桃树的真正风骨是不羁。也许是因为我读了“桃花坞里桃花庵，桃花庵里桃花仙”的《桃花庵歌》，就对这种“别人笑我太疯癫，我笑他人看不穿”的生活态度着了迷。

是的，我认为桃树是不羁的，是“但愿老死花酒间，不愿鞠躬车马前”的不羁。我总希望我能像它一样，开自己的一树灿烂，不去管那些复杂的人际关系，不问世事，自己做自己的桃花源。

也有人觉得桃树没骨气，一年只开一次花，一下子就败了，但我觉得，绚烂过，就是美好的。

即使只有短暂的美好，如昙花一现，稍纵即逝，但绚烂时，桃李不言，下自成蹊。即使败落了，那淡粉色的芬芳，能久久地萦绕在人们心间，期待着下一次的绚烂。

我希望能像桃树一样不羁，谁知大隐者，乃是不羁人？

我希望能像桃树一样，有着——即使只是转瞬即逝的——绚烂，也许只是昙花一现，但我也不愿平淡无奇地、碌碌无为地虚度一生！

点评

这篇文章的作者，是个很有主见的女孩，在她的笔下，桃花不再仅有“夭夭”“灼灼”的烂漫，哪怕只是众生中的一瞬，也有着特立独行的生命追求。愿你一路盛放，归来仍是少年心。

我是一棵梓树

2019届2班　徐梓秦

很多人都会问我为什么叫“徐梓秦”？“徐”是姓氏，“秦”交代了地点（老家在咸阳），因为爷爷是工程师，最后定居在咸阳，所以咸阳就是我的故乡。那“梓”呢？

关于“梓”字有三个说法：一说我“五行缺木”，正好当时流行“zǐ”字，那就跟着时代的潮流，干脆叫“梓”好了！还有一种说法就是“维桑与梓，必恭敬止”，意思是对待家乡和长辈要怀有崇敬的心理，怀念故乡和故乡的亲人。这些是大家都知道的我叫“梓”的原因，但其实还有一个说法，我上辈子就是一棵梓树……

想当初我还是一株小幼苗的时候，一户人家就把我栽到了他们家的院落里。在这个小院子里，我结识了“树生”中最好的朋友——小桑树。当我睁开眼睛的时候，是它给我介绍了这个未知的世界:“你好！小梓树，这里就是你的新家了，我叫桑桑，以后我们就是一家人了……”

“可是，这里是哪儿啊？”

“这里……是强大的秦国，呃，你是不是还没有名字呢？那我叫你‘梓秦’好不好？”

在家中，我和桑桑的任务是不同的。随着一年又一年的生长，我变得强壮，长了许多梓叶，结出了许多梓实，我的叶子可以清热止痒，果实可以利水消肿，都有药用价值。而桑桑就比较亲民了，它的叶子可以喂蚕宝宝，结出的桑葚甘甜可口，都是很实用的。就是因为我这可有可无的用途，使我苦恼，甚至为此和自己怄气，桑桑对我笑着说:“别生气了，你还有吉祥和思念故乡的寓意呢！”后来，当我知道帅气的我还可以做观赏树时，可自豪了！

就这样，我和桑桑一起快乐地长大，主人也对我们非常好，时不时地给我们浇水、施肥。我们春天发芽，夏天给主人乘凉，秋天结果，冬天站岗。随着时间的积累，我和桑桑的感情也越来越深，晚上我睡觉的时候把根踩在桑桑的根上，它也不会生气，只会调皮地反踩我一脚。

但凡事都会有个终点，而我的结局并不圆满。就在我过着安逸快乐的生活时，“暴风雨”悄悄来临。那一年，嬴政驾崩了，全国都在寻找优质的梓树，就因为主人把我养得太好了，我被选为做棺木的板材。得知这个消息的时候，主人不舍地抱着我哭。我多想也抱一抱对我有养育之恩的主人啊，可惜我只是一棵树，抱不了他。一夜之间，身处盛夏的我掉光了所有的叶子。我想回报主人，但我只是一棵树，说不出也做不到。还好三岁的小主人能听得懂我说的话。我对他说：“让主人把我的皮扒掉，可以入药。我死后把我的根挖出来，我不希望官兵为难主人……”

主人抚摸着我：“臭梧桐（梓树的别称），没有了你，这个故乡就不完整了，唉……”

第二天，主人按照我的意愿送我“上路”了，“临行前”，桑桑的根紧紧拉着我的根，叶子随之摆动，发出“沙沙”的响声，那是它的哭声……

这辈子能有这样的朋友，值了。下辈子见了。

最终，我和许多梓树兄弟一起随着秦始皇下葬了。

就这样，经历了两千二百多年，我又来到了这个世上。刚开始我没有梓树的记忆——直到我五岁那年，妈妈送给我那把古筝……

“你好，我是梓秦，这以后就是你的新家了，桑桑……”

点评

这篇文章的小作者脑洞真大，循着自己的故乡之路和名字之意，为我们讲述了这样一个神奇的故事。开篇谁也不会想到这是篇想象作文，越往后读越惊喜。孩子的想象力让人叹服，我喜欢故事的结局，可能是因为“桑桑”化作古筝，可以更久地陪伴着“我”吧！本文还有一个可贵之处，借由一个故事，讲述了关于梓树的许多知识，包括“梓”的药用、观赏作用，以及它在古代可以做帝王棺木等文化常识，别出心裁，十分有趣。

五、换个角度看世界

学习简案	
课型	基于经典课文阅读，进行层进式思路扩展后，完成象征作文练习
学习重点	将想象、观察、体验和思考进行整合，形成象征写作的整体思路
实施要点	引导学生有目标、有方向地发散思维，扩大选材思
成果亮点	丰富的选材和生动的表达，体现出学生语文素养的整体提升

学习了《海燕》和《白杨礼赞》，我们想让孩子们尝试写一篇象征或托物言志的作文。怎样才能让作文的命题成为一种引导，而不是指令呢？我尝试以下面的问题调动学生的思考：

1. 如果你会变成一种动物或植物。你想变成什么？

2. 在现实生活中，你遇到过它吗？接触过它吗？观察过它吗？

3. 在你看来，它最大的特点是什么？

我的总结是：

你关于它的所有联想和想象，都源于现实生活。综观历年学生习作中的成功之作，无不是以现实生活中的情景或经历为依托，以所选之物为本体，赋予其象征意义。

孩子们的思想永远是天马行空，令人叫绝又感动。

我将收集上来的佳作分为了海陆动物、鸟类、猫咪和植物四大版块。限于篇幅，选几篇新颖有趣的跟大家分享。

（一）海陆动物

一个夏天的奥德赛

2019届2班　张新月

它踏过浮冰，忧心忡忡地望向远方。刀切般的洁白冰川像一片巨大的帷幕，宣示着冬天的喜剧告终。喜剧唯一的主角——北极熊站在幕前，它的“戏服”一尘不染，与冰川浑然一体，像一个认真的演员。

不过，它并不准备谢幕。

扑通一声，它跳入水中，击碎了那如梦幻般的蓝水晶之海，向着遥远的对岸缓缓地游了过去。

北极已经待不下去了。那里的冰川不出一个月就会土崩瓦解，变为小块的浮冰。它将没有立足之地，那时再动身怕已太迟。它明白，一到夏天，北极这片冰雪之境就会如亚特兰蒂斯一般沉入海底。唯有海对面的陆地才是安稳的。它平稳而又迅速地游过去，在海面上激起一条波纹形成的线。身后，海鸥寂寞地叫着。

夏天并没有想象中的那么迟。它准点来了，带来了炎热、枯燥和饥饿。北极熊在较阴凉的岩洞里趴着，尽量让自己的身子贴在凉爽的沙土地上，不过那并不能让它感到更好受一点。它厚厚的毛发尖端被汗濡透，远看就像一只雪白的刺猬。苍蝇叮在它的耳朵尖上，它一动不动地趴着，懒得理会它们。

它已经一周没有进食了，炎热的环境不利于捕猎，花花绿绿的野果它也不敢尝试。大约下午六点时它出门碰碰运气，那段时间天气较为凉爽，也刚好可以借太阳最后几抹余晖观察寻找。

它在海滩边散散漫漫地走着，看着海浪轻柔地拍打着沙滩，这一天一无所获，它大失所望。

腐肉的味道冲入鼻腔，嗡嗡的苍蝇叫声帮它确定了方向。不远处，一只白鲸搁浅在岸边，身上三分之一的肉已经腐烂。它急不可耐地冲上去，赶走苍蝇。吃完这顿，就可以再撑两三周了。

夕阳中，它孤独的黑色剪影被海浪镶上了一道白边。

夏季风渐渐地凉爽起来。它望着北极的方向，像是在规划返家的路径。海鸥低飞过它身侧，翅膀划过水面，留下一条梦一般的长痕。冬天要来了，《四季·冬》歌剧的帷幕终将拉开，那时它会返回北极，风雪会为它——歌剧的主角再次加冕。

它跳入水中，奋力向北极方向游去，渐渐缩成一个孤单的小白点。

独行之人，只与孤独相伴。

点评

孤独的北极熊，变暖的地球。这篇想象作文中有着超越年纪的悲悯。文章从标题，到行文，再到寓意，在不动声色的想象中，完成了振聋发聩的呼吁。

逐鹿

2019届2班　陈彦青

阳光似火，在广阔的草原上，一道棕色的身影闪过。

这就是鹿，一个总是在奔跑的精灵。

起初，它也是一个不怎么会跑的小孩子，但对于生活在草原上的它来说，危险无处不在。

迅猛的豹子、凶猛的狮子，都在逼迫它不断成长。因为，如果你不成长，就可能成为你的天敌的口中餐、腹中肉。

狮子怒吼，小鹿在处处危机的“赛场”上跳跃，躲避着狮子的利爪，它在与时间赛跑，只有更快地奔跑，才能逃过这强有力的魔爪。

在面对比它大上几倍的生物时，不退缩、不畏惧，只是在不断地奔跑。

对于它来说，每一次残酷的战场，都是一次生与死的历练。鹿与天敌的战斗是一次对自我的挑战，对艰险困苦的抵抗，更是一种质的飞跃，突破自己的极限。

鹿，在狂奔。它坚信，一次又一次的决斗会助它完成梦想，不再畏惧那些猛兽。它深信猛兽总有一天是会跑不过它的——是的，它可以的。

鹿，在成长。它无畏，对危机毫不退缩，在一次次的历练中脱去青涩的外衣，不断地变得更强。勇敢的鹿在飞奔，在荒草横生的草原上叫喊。

“我不畏惧一切，让所有的困难来得更猛烈一些吧！”

点评

这篇文章很明显是在向《海燕》致敬。文字间成长起来的小鹿，恰似小作者内心的成长。本文的景物描写，是实写也是虚写，写出了小作者面对困难时的心灵力量。

（二）鸟类

天空中的鹦鹉

2019届3班　吴羽崙

在房子里，在客厅的一角，在灰色的铁笼子里，有一只长满黄绿色羽毛的鹦鹉。

它瞪着眼睛，不住地往外看，但它很安静，在笼子里站着不动。这是它刚来时的样子。

它的生活没什么乐趣，一天到晚除了吃东西和睡觉，就是看看我们在干什么。

直到有一天，我打开了笼子的门。它一直盯着我的手，看着这沉重的笼门一点一点被打开。它缓缓蹦到了门前，却在门前迟疑了。

后来它一下就跳了出来，张开翅膀，飞了起来。尽管它飞不太远，可能是被禁锢得太久，忘记了该怎样飞翔。但我却听见了它来后的第一声叫喊，充满着欢乐的叫喊。

自那以后，它变得爱叫了，也飞得越来越远。只是当它飞向窗户时，会被狠狠地撞一下。

我常常想，这鸟儿真的就要永远被关在这间狭小的屋子里吗？它属于外面的世界，属于那一片蔚蓝的天空。看着它一次次飞向窗旁，我忽然明白了它对自然的向往。

鸟儿可以为自己的向往不畏碰壁，而我们也可以为自己的向往不怕困难和挫折，一定可以。

我带着这只装着鹦鹉的鸟笼走出了家门，尽管它只是待在笼子里一动不动，我却可以从它的叫声中听出对即将到来的一切充满着期待。

这应该是我最后一次为它打开门了，我也希望这是最后一次。我一点一点将门打开，它却不再看着门，而是看着我。这一次，它没有犹豫，冲出铁笼，展翅翱翔！

点评

真没有想到，小作者最终决定放飞了鹦鹉，这也许是所有青春少年们内心向往自由的表达吧！写动物的习作里写鹦鹉的孩子不少，观察角度各有不同，但结尾都是和小鸟想飞的心共情。文章通过描述鹦鹉被关在笼子里的生活和被放飞后的欢乐，表达了对自由的向往和追求。为了自由的飞翔，加油！

候鸟

2019届3班　罗锦易

夏日马上就要过去了，空中已经飘起了谷物果实丰收的气息。就在这所有鸟儿都等待着饱餐一顿的时刻，一群候鸟离开了它们歇息的地方，飞向那遥远的南方。

屋檐下的一只只麻雀不解地望着这一群候鸟：这正是偷吃农夫食物的好时机，飞走的难道不是傻瓜吗？

林间的一只只喜鹊也十分不解。秋天来了，正是它们的羽毛长得最丰满漂亮的时候，它们才不愿意放弃这个在人们面前展示羽毛的大好时机呢！

但是，这些庸俗的鸟儿不知道，这顿丰收的作物将会是它们的最后一顿晚餐。一旦白色覆盖大地，它们就只能委屈地躲在巢里，啃着它们干巴巴的备粮了。只有那些经验老到的候鸟才知道，要放弃这安稳的“安乐窝”，在南方找到一个避寒之所，才能在寒冬里不为粮食发愁，才能躲过这恼人的白色。

天色阴沉下来，天空飘起了雨滴。此时，如果我们从窗内向天上看，那些仍在成群飞翔的鸟儿绝大多数都是候鸟。看吧，它们飞得多么坚定，它们没有停留，更没有返航，因为它们知道“居安思危”，知道只有在此时辛苦，忍受这绵绵秋雨，才能避开那鹅毛大雪，免掉那来日的痛苦。

秋天过得比麻雀和喜鹊想得要快一些。一转眼，北方已是大雪飞扬。人们总是因白雪没有了灵动的鸟儿陪衬而感到可惜。可此时，千里之外的南方有一群来自北方的鸟儿在大吃大喝。那里现在正是风和日丽，花草丛生的好时节。鸟儿尽可以“享受生活”。但候鸟却在这里待不了太长时间——它们受不了这里的盛暑。在那春天开始的时节，它们再一次飞向了北方。

每只鸟都有一双自由的翅膀，有的鸟儿就能够居安思危，主动离开那安稳的环境去面对困难，努力换来来日的幸福，有的便不行。人也一样，我们真的应该学学候鸟，离开我们的“安乐窝”，去迎接挑战，换来更大的进步与未来的光明！

点评

冲出安乐窝，勇敢地飞向远方。你们，会有无限美好的未来。作者用生动的描写和对比，表现了候鸟智慧和勇气的价值，给人以启示和鼓舞。“寒号鸟”般寓言式的写法，换一种态度，就有了不一样的正面结局。

（三）猫

一只猫

2019届2班　李铭玥

每一次打开家门，我的眼睛总会不由自主地巡视被它弄得乱糟糟的客厅。无论怎么呼唤它的名字，房间还是那么寂静，只有窗边的花在微风中摇曳。

猫在窗台上静静趴着，它把爪子垫在头底下，仿佛枕着枕头。它的尾巴轻轻摆动，随着我的呼唤，不时地大幅度抽动一下，耳朵微微转动，好像在说：我听见了，但是我想睡觉，别烦我。看着它无动于衷地享受着温暖的阳光，我灰心地走了。

可等它睡够了，那可真是另一番景象。有时候它会死死盯住自己的尾巴——不停甩动的尾巴，接着以一种难以置信的速度冲向它。此时从俯视角度看整只猫，就是一团在旋转的毛绒球。但这种自娱自乐的游戏往往只能持续几个“弹指”——转完圈之后，它几乎晕到横着走了。

猫并不爱搭理人，它的大部分时间都花在睡觉和自娱自乐之中——它就是这样的独立。

它之所以独立，是因为它有足够的能力。当它饿的时候，会自己翻箱子、咬包装，有不少的袋装罐头和烤鱼片都被它悄无声息地清空了。

此外，它最喜欢干的，就是咬花，下手如此快准狠，让爱花的老妈十分无语。

不久前，它刚刚把一盆文竹生生吃成了“光杆司令”，但当老妈想教训它一顿时，它却总能异常灵活地摆脱——身子舒展到极限的它十分修长，再加上后腿上强劲的肌肉，比人的速度快了不少。娇小修长的体型，能穿越不少看起来无法逾越的障碍——楼梯扶手间的缝隙，一米多高的书柜，甚至连一个拳头都放不下的沙发底下也能挤进去。如果猫也有体育课，它一定是个柔韧度爆表的跑步健将。

而就算被打了一下，它还是不长记性，“从哪里跌倒，就从哪里爬起来再摔一次”，该玩就玩，该吃就吃，想睡就睡。它就这样期待着无忧无虑的明天。

点评

看完之后，我的感想是：真想做一只猫，特立独行，无忧无虑。小作者笔下的小猫很活泼，还很任性，幽默的笔调间流淌着少年与猫相处的轻快。

第六篇 情思

“千万不要觉得我们的工作是件小事。每个孩子背后都有个家庭，我们把孩子教好了，他们的家庭就安稳了；每个家庭都安稳了，我们就为和谐社会做出了贡献。”

不知从什么时候开始，总会有些初次见面的人，对我说：“你一看就像个老师。”一般，我都笑笑不说话。心里想，谁让我长着一张正直无私脸呢？

我的学生和家长们，相处久了，常常对我说：“你天生就是个当老师的啊。”哈哈，一般这样的情况下，我还是笑笑不说话。心里想，我就是有颗无私天真心啊！

我的高中老师、曾任北大附中初中部副校长的陈伟聪老师说过一句话：“千万不要觉得我们的工作是件小事。每个孩子背后都有个家庭，我们把孩子教好了，他们的家庭就安稳了；每个家庭都安稳了，我们就为和谐社会做出了贡献。”

当老师这么多年，我接触到的学生和他们背后的家庭以及整个社会，发生了很多的变化。当下的孩子，要面对和抵抗更多的诱惑，也变得越来越敏感、脆弱。正因如此，我们更要想办法帮助他们获得正向积极的内心力量，让孩子们知晓自己与家庭、故乡乃至国家、民族之间的紧密联系。对他人和社会的关注，能够增强孩子内心的责任感；拥有家国情怀的少年，是祖国未来的希望。

回到写作这件事上，遇到比较重大严肃的题材时，我最怕的就是看到那种“假、大、空”的文章，也怕那种很套路的表达。这样的作文，让人读着很心疼——如果写作不能真诚、真实地表达自己的情感和思想，其中的乐趣和意义何在呢？

孩子们都有着丰富的情感，他们能细腻地感受到爷爷奶奶的爱，也会用自己的方式去回应；他们能在一菜一饭中品味出故乡的味道，也会像父辈一样用行动感念家乡；他们能在一问一答间看到父母奋斗的足迹，也会努力地走出更加精彩的道路；他们能在平凡日常中发现家国情怀无处不在，也会在内心种下“强国有我”的种子，不断前进。

面对一些看起来比较“宏大”的主题，老师要给学生搭好台阶，推动他们站得高一些、看得远一点，更好地去解读这些主题的内涵，还要提醒他们关注日常的生活，找到能够表现“大主题”的“小素材”，通过细腻真实的描写表达出自己的情感和思考。

一、理解是最好的孝

学习简案	
课型	以特殊视角关注生活的随笔写作
学习重点	鼓励引导学生体会到“隔辈亲”的关爱方式，将“平凡”生活写成“诗意”文章，表达丰富的情感
实施要点	鼓励学生从平凡生活中发现深藏的情感
成果亮点	作文选材独特，情感表达充分感人

我们的孩子，从小在父母和祖辈的关心爱护中成长起来。那些看似稀松平常的生活里，藏着许多被孩子们忽视的、充满爱的色彩的细节。这些细节构建起的情感连接，在一代代人之间传递着，共同谱写

出极富中国特色的家庭文化。

当下的现实生活中，孩子往往是一家人生活的核心，大人们各种忙碌拼搏的原动力几乎都来自孩子的成长。尤其是爷爷、奶奶、姥姥、姥爷，在本该安度老年时光的时候，为了孩子和孩子的孩子，默默地付出着他们的爱。他们很少会对着孙辈直接说出“我爱你”，但他们的生活已经全部被这样的爱占满。

我有这样的责任，让孩子们看到这些没有被说出口的爱——无论是在写作时，还是在生活中。

老房子

2019届3班　刘子铭

我认为乡下的生活有太多令我们抵触的东西了：几乎为零的手机信号、一下雨就泥泞的土路、夏天的炎热、冬天的酷寒……它有数不胜数的缺点，却蛮横地抢占了我大半个童年的美好回忆。

我幼时身体不好，至今母亲还常抱怨小时候每月带我跑医院的辛劳，这也是我小时候每逢寒暑假就会被送回老家的原因。所以我常想，如今我长得如此壮实，定有乡下生活的几分功劳。

陶弘景说山川是“欲界之仙都”，可我记忆中的仙境永远是那个江南水乡。奶奶家的老房子：瓦是灰的，墙是白的，檐角也中规中矩，并无特色可言，一上一下共两层，每层几间普通的屋。房前有一个小院，院的偏角处总会养点鸡鸭之类的，好留到过年吃。出了院门再往前，有一个小池塘，一到夏天便会“接天莲叶无穷碧”，爷爷会穿上好高的靴去采几根藕做汤或菜。再往远走一点，会有曲曲绕绕的水田，我每每走在小道上，总会小心翼翼怕摔倒在被水漫过的池塘里。时至今日我也不知道里面到底有没有养泥鳅之类的小鱼儿。印象中的水稻总是比我高的，我蹭着它们走过去时，会有穗时不时打到我的肩，或是像笔刷一样扎扎地“刷”过我的脸。

夏天的老房子似乎也要“亮”了一点。荷塘的另一边坡上有条可以过车的土路，土路再远些有个长满草的坡，坡下是条每年每日都在喧闹的大河。我当时会叫上妹妹和堂哥在坡上放风筝，自然是放不起来的，大概是江南的风没法像北方的风一样拉动它吧。我们也就是试了几回就放弃了，找了块干净的草地，坐坡上吹风。河边远处拴着水牛，水牛背上会有几只小白鸟慵懒地站着，它在河边晃着尾巴悠闲嚼着草，也不惧大河时不时翻出浪花的咆哮。我看累了，就扭身去看老房子。因为人在坡底，只能看到一小块檐角，这时它方才显得肆意飞扬了些，那灰色被周遭密密麻麻的绿衬得格外可爱。也许是因为挨着条河，夏天在记忆里也总是清爽的。到了中午，老房子那边就会传来爷爷中气十足的呼唤，叫着我堂哥的名字，喊我们去吃午饭。我们可以一溜烟冲上长坡，蹦蹦跳跳地冲进老房子的院门，欢声笑语地猜测着是吃刚摘的藕还是白嫩的茭白。我那时觉得老房子是掩不住饭香的，不然我怎么大老远“胃随香动”似的开始叫唤？

冬日里老房子也丝毫不逊夏天，它开始变得温暖，哪怕屋外积雪再厚也盖不过这种温暖。我冬天时往往是被串串鞭炮声吵醒的，费力从几层被子中钻出，往院里一看，被厚厚的白雪提了神。瓦的灰色也一并被盖住，也就几棵常青的树能在白色间探出绿。虽然看着皑皑一片，但并不觉冷。要真冷了，就坐回屋看电视，我喜欢霸占爷爷的摇椅，爷爷从来不恼，反而会时不时帮我推两下。我在老房子的屋里也能玩得不亦乐乎。等暖和了，雪把鞭炮残留的红碎纸一并化开，世界又被翠绿占领，给人感觉南方只有冬、夏两季。

后来，老房子那块地划归农业用地了。我那时候在上学，只能看到妈妈传来的照片上，白墙被显眼地印上了一个红色的“拆”字。爷爷奶奶也被姑姑接去了城里住。摇椅似乎也被锁在了地下室里。

老房子留在了我的记忆中，承载着我幼时童年的欢笑和喜悦。而我在心里为它永远留了块地儿，这是我生命中最初这十几年稚嫩时光中最美的存在。

点评

孩子书写的是自由而惬意的童年。但如果我们细细品味，会发现在这样一个普普通通的江南小院里，一直有着爷爷奶奶忙碌的身影。他们就那样不动声色地欣赏着孩子如同水稻般自然生长的样子，成就了孩子记忆中最美的存在。文章开头的诙谐语调欲扬先抑，极有特色。

我的奶奶是个“骗子”

2019届2班　林瑞晗

我的奶奶从小就喜欢“骗”我。

记得我很小的时候非常挑食，除了肉没有任何食物能打动我的肠胃，于是奶奶想了个办法。“吃点黄瓜，这是胃喜欢的！”“啊呦呦！小肠子要生气了，快给它吃点西红柿！”“肝想吃生菜了，快吃点！”

当我晚上哭闹时，她便装作小心翼翼的样子，捂着半边嘴巴，低声说：“老狼一听见哭声就会来找同伴，你再哭，它待会儿就过来找你了！”

但是她这次骗我骗得有些认真——

在我小升初的关键时期，各种考试、补习班让我心慌意乱。此时一向不愿外出旅行的奶奶突然要说去东北老家避暑。奶奶打理着我生活中的点点滴滴，突如其来的分别让我有些不舍。奶奶却没有一丝难过，还没出家门，手中的行李就提上了，一看见我跟了过来，立刻笑容满面，脸上的皱纹像开了新花的老树枝，她连忙放下行李，抱住我说：“奶奶过一阵子就回来了，你要好好学习，等我回来给你带好吃的！”说罢转身便走了。

过了一个多月，奶奶终于回来了，一见面，我哭笑不得。

奶奶居然剃了个光头，头皮上一丝毛发都没有了，她说是为了凉快。脸上像结了层霜，白得吓人，还整整瘦了一圈，不变的是她那和之前一样火热的笑容。此后的日子里，看似瘦弱的她却“强壮”起来了，每天的饭量都快赶上我了，上下学时还坚持帮我背书包，一个人去菜市场也是轻轻松松。

后来，我在跟爸爸闲谈的时候，才知道奶奶那时是患了癌症，为了不耽误我学习，对我隐瞒了事实。所谓的剃头凉快，是手术后的化疗导致的。我无法想象她在“旅游”那段时间是多么痛苦，经过多少次折磨才掉光了头发。她每次吃饭都得强忍着肠胃的抵触咽下去，想让自己的体重尽快恢复。每次为我背书包是在刻意地锻炼自己，我又怎么会想到做这些她出的汗甚至比喝的水还多。

奶奶没有被病魔打倒，她现在年近八十了，从没有不良情绪，而且很少生病。

我希望所有的疾病对奶奶来说都是“谎言”。

点评

这篇文章让人读起来心酸而感慨。上有老下有小的中年人，总有很多无法向孩子解释清楚的困境。文中虽然没有对事情前前后后的父母态度的描述，但可以想到他们在孩子升学的关键时期还要承受奶奶生病的压力有多大。而奶奶面对病魔时还能有如此淡定的“骗术”，真是让人由衷感动——她的坚强，不是为自己，而是为了孩子们……文章从小事的“谎”过渡到大事的“谎”，再到希望一切生活中的不幸都是“谎言”的美好祝愿，似用技巧写成，更似信手拈来。

无法言说的爱

2019届2班　刘懿雯

每到过年，总会有人调侃：回家过年就会被奶奶喂胖十斤。不知何时，这个魔咒人人逃不过去，我也不例外。

今年过年，我回到了远在河南的老家，去探望许久不见的奶奶。

在我的记忆中，只要我一进家门奶奶总会跟着我问："雯雯，饿不饿啊？"不管我如何拒绝，奶奶都会把吃的给我，看着我吃进了肚子才开心地去忙别的。几个月不见，奶奶的白发好像又添了几缕，皱纹好像也深了几分，但她那温暖慈祥的笑容总是能让我想起小时候她陪伴我玩耍的日子。到了午饭时间，我竟又在桌子上看到了自己最爱吃的土豆炖排骨，用筷子轻轻夹起一块放入嘴中，排骨的汤汁在口中鲜美四溢，我不由地感叹道："奶奶的手艺真是太好了，真好吃！"奶奶听到后把头从厨房探出，开心地说："好吃吧，我就记得你最爱吃这个，多吃点。"再往后的几天里，不出我所料，几乎每顿饭都有土豆炖排骨，以至于爸爸都抱怨说吃腻了，但我却不忍打断奶奶的热情"照单全收"了。还记得在小时候，我说奶奶做的凉拌豆角好吃，奶奶也是一口气做了半个月，最终在我的强烈要求下才停止，但我还记得奶奶当时那落寂的眼神。

姥姥的爱与奶奶不同。在奶奶那儿我总能得到吃不完的零食，而姥姥总是说我胖，不让我吃。小时候我总是喜欢去奶奶家，虽然一年只能见几面，但我总觉得奶奶更爱我。长大了我才知道，奶奶的爱不同于姥姥的，前者是无限给予，后者是适当严格。

有人说，"妈妈们都有个通病，只要你说了哪样菜好吃，她就频繁地煮那道菜，直到你厌烦地埋怨了为止。其实她就是想把你觉得好的，给你，都给你，爱得不知所措了而已。”当然奶奶也是如此，对她而言，一年不知能见我几次，又不知我喜欢什么，所以只能把我喜欢的一次又一次地给我。她们想表达对我们的关心却不知用什么方式，不是她们对我们关心不够，而是我们在忙碌中忽略了她们。

在奶奶一次又一次地包容和给予中，我终于读懂了她那份无言的爱，我也心甘情愿地一而再，再而三地吃那味道早已熟稔的菜，因为我终于明白了这道菜所包含的深情。

点评

这篇文章的有趣，在奶奶和姥姥的对比上。奶奶会把一道爱吃的菜做到你吃腻为止，姥姥会因为担心你胖而加以限制。“她们想表达对我们的关心却不知用什么方式，不是她们对我们关心不够，而是我们在忙碌中忽略了她们”，小小年纪的孩子，已经能有如此深刻的理解，让我也反思了自己对妈妈的不耐烦，受到了震撼。有时候，情节的转折不是一篇文章必需的，但心灵的转折却往往是一篇佳作的点睛之笔。

二、舌尖上的故乡

学习简案

课型	以家乡菜为切入点，唤起学生“故乡”情结的主题写作
学习重点	充分解读“家乡菜”的特殊内涵，在与家长的交流中获得更多灵感
实施要点	邀请家长协助完成实践活动，并在真实生活情境中提升学生感悟力
成果亮点	作文中不仅有每家人的生活气息，还有自然融入其中的对家乡的思念

我生在北京，长在北京，从小以“北京人”自居，很少向别人提及我的故乡是河南洛阳。神奇的是，我喜欢吃各种口味的面条，尤其是汤面。记忆中小时候每每感冒发烧，爸爸总会给我做上一碗西红

柿鸡蛋面，撒上一点点胡椒。吃着吃着，出一身汗，病好了几分，心里满是暖意。我虽未在河南长大，却能对河南风味的面食“一见如故”。

长大后，渐渐明白了故乡的意义——它已经融入每户人家的生活日常，尤其是一汤一饭之中；哪怕你说着标准的普通话，你的胃依然记得你来自哪里。

临近春节，大家都在为能否“回家”感到迷茫的时候，一个灵感闪现出来：

虽然归乡之时还无法确定，但故乡的味道总会在父母的内心萦绕。为解思乡苦，邀儿共回味。我向家长们发出邀请——请他们亲手为孩子烹饪一顿含有家乡味道的饭菜，让孩子品尝过后写一篇题为《猜猜我是哪里人》的作文。文中不要透露故乡所在，要给读者留下猜想的空间。最后请把谜底标注在文章末尾，毕竟我们的祖国地大物博，各地的特色美食数不胜数，有的实在不好猜。

猜猜我是哪里人

2022届8班　王兮若

鱼丝是我们那特有的东西。我小的时候回奶奶家，她把鱼丝煮熟后放在排骨汤里给我们当作早饭。我就着汤就喝了，自然是只记得汤的味儿。

做这个作业的时候，我本来想写东北菜，被我妈拒绝了。她说要做我爸的家乡菜。我爸不在家，她倒是也会做一点儿。

鱼丝是用鱼做的，弯得像蚊香一般。晾干了，有时候很容易断。吃之前要泡。几个小时后，它就像粉丝一样在水里舒展开了。即使这样，还是要煮一下，煮软之后就可以“进一步”吃了。无论放在什么汤里，搭配起来都很好吃。但是要炒的话，就得捞出来过一下凉水，否则就会黏糊糊的，其实味道无他，除了略带鱼味，和普通的米粉差不多。

鱼丝有个美丽的传说。一位女子怕出门在外的丈夫忘了家，而把鱼肉和薯粉做成类似粉丝的食品给丈夫带着，每当丈夫吃到它，就能想起妻子，于是年年必是要回家与妻子团圆的。其他人看了，也纷纷效仿，鱼丝便由此而来。鱼丝属于客家菜系。客家人本来也是“外来”居民，我就是客家人，我以此为豪。美味之外，它还与“余思”谐音。女子取其“与你相思”，寓意团聚。我爸爸也像传说里的这位丈夫一样，每年都在国外。了解了鱼丝的故事，我想每年他走的时候也应该带上一大包，这样他吃的时候就马上能想起我和妈妈了。今年又要过去了，不知道他什么时候能回来呢？

每每我们回老家，临走之时，奶奶都会给我们带上一大包；不回老家，她也会在过年后寄来一大包。鱼丝本就脆弱，来回一压，更是碎了，我原来不喜欢吃，觉得它有腥味儿，又不好看。现在仔细想想，它寄托了远在老家的亲人们纯粹又热烈的思念。现在爸爸不在家，妈妈会做的家乡菜只有它呢。仔细想想，当时在老家村子里坐在家门口吸溜鱼丝汤的味道我也记不太真切了，只记得一家人在一起的快乐时光。

（我的故乡是：江西赣州）

点评

“鱼丝”，我从没听说过呢。小作者写到了制作的工艺、背后的传说和谐音的内涵。让我感动的是，这是一道来自父亲家乡的菜，却是母亲在这次活动中执着要让孩子展现给大家的。我在字里行间，读到了孩子妈妈对爱人的思念，读到了孩子从无感到感悟的变化。文章起笔说“我本来想写东北菜，被我妈拒绝了”，后来说到女子思念丈夫的传说，文章前后有条暗线隐隐照应，形散而神不散，这是本文的优点。但前文提到做菜，后文却没有呼应，从结构上来说，有瑕疵。

猜猜我是哪里人

2022届17班　王婧航

在我的家乡有一种细如银丝、入口顺滑，与醇香汤底及各种食材小料搭配的食物，那就是远近闻名的过桥米线。当一套原汁原味的米线被端到座位上，第一步要先将各种食材放入离开师傅手时还冒着湿润醇厚白汽的滚烫的汤底中。汤底咸，食材鲜，这么一放，炸得金黄的酥肉、红亮的火腿、碧绿的韭菜都在汤中旋转舞蹈。我最喜欢的，还是那流着金黄蛋液的鹌鹑蛋。光是这些，就能诱惑得我饥肠辘辘了。随后再加入已经滚水煮熟、洁白晶亮的米线，再经过两分钟漫长的等待后，一碗过桥米线才真正诞生了。

当我用筷子轻挑米线，看到它滑溜溜的，带起碗内一阵飞珠溅玉，油花漫开，香气扑鼻，深为发明这道美食的古人的智慧感到赞叹。在我心中，米线与雨声最为般配。我的家乡夏季多雨，吃米线时看到玻璃窗外的雨丝，思绪不禁飘到远处的山峰下，那里在雨水的滋润中，另一种美味正在慢慢生长……

家乡的菌子是雨中的小精灵，一夜之间就冒出了头。最初，它们一个个灰头土脸，捉迷藏似的躲在泥土中，只有眼神敏锐的采菌人才能洞穿层层落叶的掩饰，捕捉到它们的藏身处。倘若问问我的家乡人，离家后最想念的故乡味道是什么，很多人的回答都是菌子。

菌子是家乡人对野生蘑菇的称呼。菌子种类繁多，数不胜数，只有到野生菌市场中走一走，亲眼看看颜色形状各异的各种野生菌，才能感受到属于菌子的烟火气，体会家乡人对菌子的情怀。有的炖炒煎炸怎么做都好吃，比如鸡枞；有的适合煮汤，味道鲜甜，比如竹荪；有的适合干煸，口感爽脆弹韧，比如牛肝菌；有的味道独特，喜欢的人爱之入骨，不喜欢的避之不及，比如干巴菌；有的菌子有毒性，煮制时要特别注意，据说加工不当食用后会中毒，跳舞的小人满眼飞，比如“见手青”。但就算是冒再大的风险，人们还是会吃菌子，也许是不舍它那独有的大自然的空灵味道。这就是我的家乡美食，想必你已经猜出我的家乡在云南了吧。

那么，欢迎大家来“彩云之南”亲自体验吧。

（我的故乡是：云南）

点评

“彩云之南”多浪漫！这篇用“舌尖体”写成的文章，读起来仿佛身处细雨微醺的昆明，走在清晨的街边市集上，坐下来吃着米线的空当，阳光已经探出头来，照在了竹筐里各色菌子的身上。这篇文章胜在文笔老练，但作者信笔写来，前半部分的米线和后半部分的菌子俨然各顾各的，自成两个部分。如果能找准两种食物共有的云南气质，本文才会有更好的收合。

猜猜我是哪里人

2022届2班　王睿远

中午，爸爸兴奋地从厨房里端出了一盆热腾腾的美食，香味传遍了整个房间。我走过去看，棕红色的汤汁中还冒着泡泡，胖头鱼和豆腐炖在一起，简直是美味至极！

我迫不及待地尝了一口，肉质非常鲜美，我问爸爸这鱼从哪里来，爸爸说这是水库开湖的时候爷爷买的。说到这里，我想到了几年前爷爷给我讲的一个故事……

在我爷爷十多岁的时候，为了给京津冀地区提供生活用水，国家决定在燕山环绕的低洼处修建水库，这就是大名鼎鼎的密云水库。而我的爷爷当时就被安排去参与密云水库大坝的修建。

当时的条件非常艰苦，没有吊车、挖掘机等自动化的工具，用来打坝的石头需要人们一块一块地搬上去，并且用水泥固定住。刚开始还不算艰苦，但是随着时间的推移，要爬的路程越来越长，石头也越来越重，爷爷的脚底和双肩早已磨出了血泡和茧子。而且修建时正值秋冬，爷爷也没有很暖和的衣服穿，刺骨的冷风一吹，引得人不禁打哆嗦，就这样日复一日，爷爷染上了风寒。再加上那时没有好饭好菜，可谓苦不堪言。可就是这样，人们也并没有放弃，经过了两年，密云水库终于修好了！

四十多年过去了，如今密云水库与我们的生活息息相关。它不光为我们北京的广大市民提供了生产和生活用水，而且密云水库本身也构成了一道美丽的风景，还有那鲜美的水库鱼，让密云的旅游业有所发展。如今，每当我们开车经过密云水库时，爷爷总会自豪地说："没有我们六十年代修建的水库，就没有现在这么好吃的水库鱼哟！"

(我的故乡是：北京市密云区)

点评

如果说前两篇文章中的家乡菜，来自大自然的馈赠。那么这位北京小伙儿笔下的水库鱼，则要感谢建设者的努力。并非所有人的家乡都有闻名遐迩的美食，但无论多么平凡的家乡，其中都隐藏着建设者的一份自豪。这篇文章的语言比较平实，但立意却从自己的生活上升到了市民责任的层面。踏踏实实、思路清晰，是一篇佳作，美中不足的是文章的后半部分对于这道菜的描写略少。

三、为家人写传记

学习简案	
课型	基于教材内容的语文综合实践活动中的传记写作
学习重点	前期的资料收集、筛选和提纲的拟定、调整，成文时的语言特色
实施要点	每份任务单都要批阅点评，必要时加以修改调整。在写作前做好充分准备
成果亮点	作文中的人物鲜活有质感，小作者的情感充分、感悟深刻

每到初二第一学期，我们会结合新闻写作和人物传记两个单元的学习，引导学生进行一项语文学科的综合实践活动——为家人写传记。

在此之前，孩子们应以小组为单位，共同完成主题采访的任务。他们在与陌生人或者老师同学沟通的过程中，此前已经掌握了一些访谈的技巧，比如积极倾听、有效提问、目光表达等。但当我们把这次的任务讲给他们听时，孩子们却依然觉得很有挑战性。原因之一可能是要独自面对被访对象；另一个原因是，这次的被访者恰恰是每天朝夕相处的父母家人，是他们“最熟悉的陌生人”。

这一次，每个孩子都需要自己确定被访对象，围绕以下5个方面完成资料的收集，填写在“生活的记忆”学习任务单上。

1. 被访者的基本信息。

2. 被访者的学习、工作经历。

3. 对被访者人生影响最重大的事情（详述）。

4. 被访者克服过的最大困难（详述）。

5. 被访者对自己的评价。

对于每份任务单，我都会批阅点评，必要的时候进行面谈指导，帮助学生在写作之前搜集到足够丰富的写作素材。

在搜集素材和面谈指导的过程中，我会一边了解被访对象的特点，帮助孩子进行素材的筛选和提纲的调整，一边启发孩子了解家人的过去、现在甚至未来。

这样的一次写作，学生们收获的绝不仅仅是一篇传记文章。

就这样，在老师一路陪伴和鼓励下，孩子们换了一种方式与大人交流。活动给孩子们带来的是小小的压力，最终呈现出的却是大大的惊喜。

海淀母亲奋斗史

2022届8班　李怡萱

母亲是小地方出来的孩子，祖上世代务农，小时候又赶上三年困难时期，家里自然也就剩不下什么积蓄，但也不缺吃少穿。母亲每每提到自己的少年时代，口吻中总透着怀念与轻松。只有一次，母亲与我提及她快要上大学的那段时光，我才知道，原来坚持上大学是她迄今为止做过最正确的决定。

母亲有两个哥哥，母亲上大学时，二舅娶亲，姥姥、姥爷手里本就不剩多少积蓄，出完聘礼后更是雪上加霜，竟一时拿不出母亲上大学的学费。姥爷甚至劝说母亲早早出去打工。当时在农村里这样的情况实属普遍，姥爷这么想也无可厚非，但母亲觉得出去打工实乃一条望不到头的黑路，只有上大学才是出路，便绝食数天，以示出去上大学的决心。姥姥、姥爷不是重男轻女的人，咬咬牙，终于东拼西凑，借出了母亲一个学期的学费，送她上了火车。

可这并没有万事大吉。母亲手里只有这个学期的学费，连生活费都没着落，更遑论下学期的学费。母亲跟学校好话说尽，终于讨来一点宽限住宿费的时间。为了能及时上缴住宿费，她一天打三份工——中午做学校的图书管理员，下午做餐馆的服务员，晚上当家教。母亲终日像陀螺一样旋转，学业却也未曾落下分毫，想来不仅是要证明给姥姥、姥爷看，也是要完成自己的心愿。

母亲每天踏着星星出去，望着月亮回来。在北京这个灯火繁华的都市，却没有属于自己的落脚处，仿佛外面的烟火喧哗都属于另一个世界。

后来，母亲曾跟我说："现在想来，那样的日子真是苦得没法过，当初也不知是年少轻狂还是什么，咬咬牙竟也坚持下来了，也没觉得有什么，就把那段时光熬过去了。"不知是不想把其中心酸透与别人知，还是确实咬牙扛过了苦日子，母亲用嘴里这么一句轻描淡写的话归纳了那段时光，在这个偌大的地方落下脚来。

而这一落，就是二十年。

这二十年中的风风雨雨，母亲都波澜不惊地走过，乘风破浪地走来。走到我面前的是一位标准的海淀母亲——为了孩子上课外班可以风轻云淡地付近万块钱的母亲。似乎那个为了不足一千的生活费朝九晚五的青年从未存在过。

北京就像一座固若金汤的城池，里面的人想扎下根过上安稳的日子，外面的人头破血流也想挤进来。火车站里，每天有人成为这座城市的过客，也每天都有人怀揣希望来到这座城市。母亲当年拼命留在这座城市，终成为也能在寸金寸土的地方占据一隅天地的人，对我来说只有八个字可评价——不忘初心，方得始终。

点评

每次读这篇文章时，我都会忍不住湿了眼眶。当我认识文中的主人公时，她已经是位淡定从容地欣赏着孩子的成长的海淀母亲了。读了这篇文章，我觉得这是对包括我在内所有海淀妈妈最好的诠释——我们的工作、生活，甚至一切，都是凭借读书时候的咬牙坚持换来的。对教育的投资，并不是一种疯狂，而是一种执着。2007年江苏高考有篇满分作文叫《怀想天空》，这篇文章是一位农家子弟所写，全文使用白描的手法，朴实地写出了一位早早挑起生活重担的孩子的心境。朴实真挚的表达，任何时候都是有力度的，这篇文章再次印证了这一点。

黄某某传

2022届8班　黄隽楷

黄某某大学前的生活似乎没有什么极突出的亮点：一个男孩子出生在农村，小学、中学成绩都算不错，但在高考这个重要关口，他却并没有像其他人一样埋头苦读，而是带着一种满不在乎的态度来面对，似乎对自己能考上大学没抱太大的期望。高考成绩公布后，他发现自己的分数足够上一本院校，这令他十分惊喜。于是，他进入了某某理工大学。

大学四年，他不仅苦学专业，还在课余时间辅修了计算机，自学了经济学和管理学。后来他认为，大学的四年对他后来的工作、生活产生了较大的影响。

十分巧合，一个与他同一所高中毕业的女生，同样也没抱多大期望地参加考试，竟考入了某某师范大学。某某理工和某某师范这两所学校实际上离得是极近的，近到只要穿过一个小门就可互通往来。条件如此适宜，两人出身又相近，年龄只差一岁，再加上他的种种追求以及其他原因，两人便在毕业后走到了一起。

毕业后仅过了一个月，他就进入北京一家房地产公司工作。进公司不到两年，公司就将他派往吉林省东部一个较为偏僻的县级市去了。

在吉林最开始的三年，他妻子在某钢上班，两人相见的机会很少。

到了第四年，吉林公司的情况变得极为困难。他在此时临危受命，当上了公司的总经理。当时公司绝大多数员工年龄都比他大很多，光是管理老员工就是一个很大的难题。此外，当时公司账上的资金仅有几十万元，但公司给他下的命令却是在年底前完成十万平方米房地产项目的建设。不仅如此，前期项目还有不少遗留问题，加上项目地块即使是在县级市也是属于偏僻的地段，这令项目销售难上加难。

面对公司员工的管理问题，他用优化公司薪酬制度的方法，提高了员工积极性；面对公司资金不足的问题，他积极与银行沟通，在房地产开发贷款控制严格的情况下合法地拿到了银行贷款，获得了上级公司的支持与肯定；面对此前工程遗留问题，他通过积极与施工方沟通协调，督促施工单位完成了遗留问题的处理。他通过严格加强合约管理，加快了项目的进度，提升了施工质量。在解决问题的过程中，他开创性地使用了一些新的理念和方法。最终，在他上任的第一年年末，就圆满完成了项目建设任务，第二年公司销售额在所在城市排名第一。他成功克服了人才问题、资金短缺和市场危机等多个管理难题，最终令公司转危为安。

灭火拯救公司，学习提升自己。在奋力解决公司所面临的生死困局的同时，他始终不忘努力学习，考取了某某大学项目管理工程在职硕士班并利用业余时间完成了全部课程的学习。

后来，他对自己有这样的一段评价："能吃苦，爱学习，做事很有毅力，对小事的处理有时偏老实懦弱，但遇到大的困难能够迎难而上。性格普通，介于内向和外向之间。对人的判断有自己的看法。对经济趋势和企业管理有自己的独特理解。"

点评

这篇文章的优点在于寥寥几笔就交代出人物面临的诸多重大选择时的果断坚定，叙述简短有力，对父亲的认可隐藏在了字里行间，看似幽默，实则坚定。特别喜欢这个儿子讲述爸爸妈妈相逢相守的文字。对父亲为事业不懈奋斗的经历，他依然用不惊不羡的淡定语气讲述着，写到最后，父亲理性而坚毅的形象跃然纸上。令人钦佩鼓掌！

四、家国自在心中

学习简案	
课型	以“家国情怀”为主题的选材指导作文课
学习重点	学会从身边选材，从小处着眼，将大主题细化到细节描写中
实施要点	及时发现学生在写作中的困难，想办法解决
成果亮点	作文体现出孩子对父母平凡工作中蕴含的家国情怀的理解，以对父母“身教”的体会来具象化爱国之情

能否将家国情怀借助微小素材书写出来，是检验学生写作能力的一项重要的任务。

初一第二学期，在进行完一系列关于“家国情怀”的主题阅读练习后，我尝试引导孩子们进行相关内容的写作。考虑到教材内容多与民主斗争、抗战救国等主题相关，这些与当下孩子们的现实生活之间有一定的距离，我换了个思路。先请学生在随笔里讨论一个问题：“家国情怀”在各行各业的具体体现是什么。

有趣的是，我出题的时候，重点指向是“具体体现”，而孩子们讨论的重点，放在了“各行各业”。他们罗列了自己认为具有“家国情怀”的行业——医生、军人、消防员、教师……除了这些行业，其他具体体现大多来自新闻报道：比如边防战士的壮烈牺牲、扶贫干部的无私奉献……

可以看得出，孩子们找到这些答案，是经过了思考的。但一般考场写作中，是不能以转述故事为主体的。所以要让他们“有的可写”，我还得再想想办法。

后来，我想到学生的父母家人从事着各种不同的工作，如果学生能够从父母所在的行业中找到“家国情怀”的“具体体现”，“大作文”写作就会有的可写了。于是我又给为学生提供了一份任务单，请他们在与家人交流后完成——

你的家人是做什么工作的？在他们的工作中“家国情怀”是如何体现的？请你利用周末时间跟他们聊一聊。完成表格，收集写作素材。

被采访人：

工作/职业	
问题1	您如何理解“家国情怀”，能否结合自己的工作说一说?
问题2	您认为您的工作/行业中最能体现“家国情怀”的一点是什么?
思考1	家人的回答中最触动你的一点是什么？为什么?
思考2	结合本任务单，整体说说你的感受或思考。

这次学生填写的任务单，内容明显丰富了起来。从为攻克“卡脖子”关键问题而不懈努力的科研人员，到放弃国外优厚待遇毅然回国任教的大学教授，再到专心照顾好儿女让爱人全力以赴投入工作的全职母亲……大部分孩子获得了鲜活的一手资料，并由此有了具体的感受或思考。其他人在学习了优秀作业之后，对照自己的任务单，很容易就发现了哪些点是可以继续深挖拓展的，也逐步丰富了自己的素材储备。

准备充分之后，当我宣布要在课堂上完成一篇限时写作时，孩子们不但没有畏难退缩，反而跃跃欲试。看得出来，这次的写作对他们来说是一次非常愉快的体验。

我们的作文题目是这样的：

在近期的学习中，我们感受到科学家、革命者的满腔热情，体会到抗日军民的团结一心。现在，请你静下心来思考：“家国情怀”是否也体现在你的家人身上？他们在各自的工作岗位上兢兢业业，默默奉献，勤奋持守。作为医护人员，他们救死扶伤，敬佑生命；作为教育工作者，他们诲人不倦，播洒春晖；作为科研人员，他们潜心钻研，不断创新；作为基层工作人员，他们脚踏实地，一心为民……有没有那样的一个瞬间，你被家人身上的责任担当所触动，请参考上周末搜集的素材，以“他/她是最可爱的人”为题，仿照《谁是最可爱的人》一文中叙事、抒情的形式，表达自己的情感和思考，写一篇不少于600字的文章。

他是最可爱的人

2025届5班　韩静姝

“吱呀”一声，我轻轻打开房门。暗长的小厅中，灰猫在安睡。尽头的客厅里散出点点荧光。多么寂静的夜啊！隐约能听见键盘的敲击声，那么轻微，又是那么清脆，是爸爸仍在工作啊！

爸爸，我感到他是最可爱的人。

依稀记得五年前的那个周末，爸爸拉我走进了他自清华毕业后待了十年之久的公司——微软。我走进展示厅，透亮的自动门一层层打开。蓝白色的灯光下，一台台电子设备排列俨然，每一台都运行着不同的程序，远处一个巨大的曲面荧幕更是令我大为震撼，这都是爸爸和同事们的杰作，我真心觉得爸爸的工作真是有趣呀！

爸爸会做这么多有趣的平台和软件，我觉得他真了不起！一天傍晚，我正在房间写作业，听到外面爸爸与妈妈交谈了起来。他们严肃的样子让我隐隐觉得有些不对，连忙跑出房间。“爸爸，你为什么换公司呀？”我十分疑惑地发问。爸爸现在的公司多好啊！爸爸转过头来，弯下身笑道：“爸爸现在的公司是美国的企业，我得在中国的企业里工作才能为祖国的科技作贡献。”我似懂非懂，心里有种敬佩的感觉，又不免觉得有些可惜。

进了新公司，爸爸的工作辛苦了许多，他不仅每天工作到很晚，还学起了象棋。我常常在深夜里看到爸爸端坐在棋盘前深思熟虑着什么，就连在吃饭时也戴上耳机观看象棋教程。哪怕在周末的闲暇时光，他刷的娱乐视频也都是象棋的对弈。我有些摸不着头脑，终于抓住机会发问才得知，原来爸爸要做一款象棋机器人的产品，是想将这项几乎快成为“公园老大爷”的代名词的中国传统体育项目通过机器人的教学传授给国人。多么有意义的工作啊！将中国的传统文化与科技结合在一起，我期待着……

盼着，盼着，在春日的第一天，爸爸早早回到家中，满面春风。与爸爸一同回来的，还有一个大箱子，通体纯白，上面印有一个很可爱的机器人。我迫不及待地打开箱子，将机器人小心翼翼地摆在桌上，再连接好棋盘开机。一双可爱的眼睛出现在屏幕上，左看看、右看看。爸爸满脸自豪地笑了起来，喃喃道：“我好像看到孩子们坐在机器人前下棋的模样了。”我也看到了……

难道，他不是这个时代最可爱的人吗？他用科技努力地服务社会与国家，满是一个普通中国人的使命与担当！

点评

父亲的家国情怀，直接体现在工作的抉择中。从“似懂非懂”，到最后亲眼所见的自豪感，作者对父亲的敬佩体现在字里行间。从对小家的自豪上升到对国家的热爱，全文读起来自然流畅。

她是最可爱的人

2025届4班　李润珊

我的妈妈是一名医生，她的工作是十分辛苦的。

不像其他的母亲，我妈妈从不化妆、发型简单好打理，穿着也很朴素。这些年来脸上的皱纹多了起来，岁月已吹散了她美丽的容颜，但她仍无意掩饰，素面朝天。

记得有一次，妈妈带我去医院复查膝盖，她让我先在角落的一张椅子上等着，她去挂号。我静静地坐在那儿，看着来来往往的人或从容、或仓促地从我眼前经过。忽然，我看到了一个个子不高的短发女人迈着细碎的步子快步从远处朝这边走来，时不时还查看手上的单子，那是我妈妈挂号回来了。她的步子坚定而又有力，鞋底有节奏地踏到地面上，能听到“啪、啪、啪”的声音。风从妈妈脸边掠过，她脸旁的短发随着步子上上下下地跳跃，她的面孔被衬托得格外宁静、严肃。妈妈走近了，我看着妈妈有神的眼睛，微微张开的嘴和眼角的皱纹……

我能想象出妈妈上班时穿梭在门诊楼道的样子，这才忽然意识到医生的辛苦。我记起妈妈曾说过，她上班时走起路来，护士们小跑着才能勉强跟得上。在家里，妈妈的记性总是不太好，但病人们的病历资料却好像牢牢焊在妈妈的脑海中一样。妈妈与我聊天时曾骄傲地告诉我，她带过的实习医生都惊叹于她工作时的记忆力。

今年，她成了支援边疆的医生中的一员，那里氧气稀薄，生活条件也比较艰苦，也见不到我和爸爸，但妈妈说她很高兴也很荣幸自己能加入这个队伍，为边疆人民多作贡献。

妈妈说，她们的工作很重要，必须做好，要恪守自己的职业道德。她热爱医生这个职业。不仅是我妈妈，中国的千万医者都心怀着自己的国家和每一个病人，他们通过一点一滴的努力共筑健康美好的社会。

“走吧，去做核磁了。”妈妈说。我站起身，跟着妈妈走过这个写满了千万医者救死扶伤事迹的地方，这片浓烈的家国情怀将沉淀在人们的心底。

点评

前面两段内容看似和家国情怀并无关系，但用细致的观察描绘了一位负责任的医疗工作者，“敬业”即爱国。作者如果能将妈妈日常生活中的“慢”与工作中的“快”、日常生活中的“忘”与工作中的“记”相对比，主题会更加突出。

她是最可爱的人

2025届4班　陈钰琪

我的母亲，有时会在家里小声嘟囔着烦心的事，走近一听，是在抱怨事情太多！我以前觉得她矫情，因为我几乎从未见她在家办公，感觉她只是每天捧着手机跟别人谈笑风生，常常一谈就是几十分钟。就这还抱怨事情多呢！

有一次她早早进屋哄了弟弟睡觉。我睡得晚，但翻来覆去睡不着，于是赤着脚下床轻轻走出房间，在黑暗里，遥遥看见房间转角处散发着微微蓝光。我走过去，看到妈妈正坐在电脑前。“妈！”我轻轻唤了一声，她抬眼看到我，怔了一下，随即有些怒意，“怎么还不睡？几点了？”随即“啪”地合上电脑，推搡着我往屋里去……“你不办公了吗？”“我得看着你俩睡着，才能安心办公啊，快去睡觉！”后来她在我房间门口来回踱步，我眼皮沉重抬不起来时，还隐约听见弟弟醒了她连忙又去哄的声音……她把仅有的一点闲暇都给了我们，天下的妈妈又有哪个不为自家“祖国的花朵”倾尽心血呢？

仍是深夜。我让妈妈帮我背单词，她还没来得及吃晚饭，随手从一旁柜子里拿了盒拌面（半成品），拆包装、加调料、倒热水、盖盖子……这时手机不合时宜地响了，“嗡嗡”的声响从黑色皮包里传出，我从里面拿出递给她，嗯！果然是她同事打来的。她接起电话和对方寒暄了几句，后面两个人就谈起了我听不懂的工作上的事。大约十几分钟她才挂了电话，开始考我英文单词……指针“嘀嗒”地走着，期间她一次次拿起电话又放下，脸上的表情五味杂陈。考完单词，我起身打算回房间，想了想又退回来劝她，“您也快睡吧！”然而，电话又打来了，她无奈地一笑，“呵呵，看看这帮人都十点半了还不睡。”这一次，妈妈却听着听着起了身，抓了件外套就夺门而出了，只剩桌上半盒没吃完的拌面……

四五岁时，我去妈妈单位找她，那个时候的小孩子精力旺盛，好奇心也很重，曾在她办公室地上看到有一个有很多锋利齿轮的机器。妈妈说这叫“碎纸机”，有一次，我正好看见妈妈拿着份文件一股脑塞进这台机器，我企图阻止:“你怎么把它们变成碎的了？上面还有字呢！”妈妈无奈地把我拉到一旁，把纸剪成几条，只让我看剪下来的那几个字，教我认字，于是，“红星”成了我最先学会的字。现在的我懂事不少，也知道了单位机密纸张要控制流转，想起这些往事时险些乐翻过去，真是尴尬得很呢！

我的妈妈，是个好妈妈，是个敬业的人。她无论在家庭中还是在职场中总是如鱼得水，能够处理好一切，她不仅培育“祖国的花朵”，而且“位卑未敢忘忧国”。“最可爱的人”这个称号我要献给她，她清澈的爱，只为国和家。

点评

家国情怀，从小家开始。妈妈对国家尽责，对孩子尽力。“碎纸机”相关的童年趣事，没有亲身经历很难写出，十分真实有趣。

第七篇 拓展

我们想办法走进作家的生活，发现作品的美妙，不仅能让孩子们因为了解而不再害怕写作，还能让他们在写作上有更新奇、更有个性的尝试。

写作对孩子们来说，是一种生活方式：一种关照自我和他人、感知环境和情绪、表达理解和思考的方式。

我不厌其烦地告诉孩子们，文章首先是写给自己看的。当我们意识到这一点，就不会在写作的时候总想着如何迎合阅读者或者阅卷者的口味，而是要更好地表达自己。

我常常感慨，只有发自孩子内心的声音，才具有撼人的力量。我读着这样的文字，常常感动得热泪盈眶。而对孩子们来说，当他们真的开始在写作中找到自我、展现自我时，写作过程本身就能带给他们自信和进步。

自信的青春总是闪耀着光彩。孩子们的光彩令我着迷，于是我不断地寻找新的领域，带着孩子们去发现、去探索、去感受更为宽广的语文和生活世界。

曾有人调侃："语文有三怕，一怕写作文，二怕周树人，三怕文言文。"一怕写作文，我们基本搞定了。那么，"二怕周树人，三怕文言文"如何解决？可能有人会说，讲了半天，没讲想象写作啊，这可是这些年北京中考的"重头戏"。

别着急，在这之前，先让我们解决"怕"的问题。

"怕"，是因为不了解、有隔阂。我自然有办法，让大家不发愁。

无论是影响深远的文学家，还是流传甚广的文言文，仿佛离孩子们的生活都很远。我们想办法走进作家的生活，发现作品的美妙，不仅能让孩子们因为了解而不再害怕写作，还能让他们在写作上有更新奇、更有个性的尝试。

至于想象写作，我特别认同的一句话是“心有多大，舞台就有多大”。只要我们给孩子的舞台足够大，他们就能用想象力跳出最美的舞蹈。

一、走近周树人

学习简案

课型	以课内外联读为基础，表达对鲁迅先生的认识和理解的自由作文
学习重点	跳出标签式的认识，通过阅读鲁迅亲友的回忆性文章，形成对先生全面、立体的理解
实施要点	指导学生进行自主阅读、小组讨论，并独立完成写作
成果亮点	作文不仅表现出学生对鲁迅先生的丰富了解和思考，也传达出他们对鲁迅先生的敬仰和热爱

和我们小时候不同，现在的教材里，不再选录鲁迅先生那么多让少年人读不懂的杂文了。现行初中阶段的教材中，《从百草园到三味书屋》《阿长与〈山海经〉》《社戏》《故乡》《孔乙己》这

几篇堪称经典的散文和小说里，蕴含着先生对生活的理解和对家国的热爱，但又有一种活泼的旨趣。

作为语文老师，我要努力让孩子们读懂作品、读懂先生。为了实现这个目标，我尝试了很多办法。

其实，在我的求学过程中，鲁迅先生在我心里始终是神一样的存在。直到我在二十多年前，读到周海婴先生所著的《鲁迅与我七十年》，才发现原来鲁迅先生拥有着有趣而温暖的内心世界。2016年，我又读到了另一本书——内山完造写的《我的朋友鲁迅》。这本书的作者是鲁迅在上海生活时非常要好的朋友。他的书店，曾经出现在“左翼作家”阿累的《一面》之中。

恰好那个时候，学校开设了专门的阅读课，于是我有机会将阅读课与教材学习结合起来，进行一次课内外联读的学习。

学生在集体阅读了前面提到的两本书后，我们在课上就“鲁迅先生是怎样的一个人”进行了讨论，孩子们在讨论的基础上完成了《我眼中的鲁迅先生》的随笔写作。我们还学习了阿累写的《一面》，比较了亲人、朋友眼中的鲁迅先生和一个受歧视的进步青年工人眼中的鲁迅先生的异同。通过这样的教学活动，学生眼中的鲁迅先生渐渐鲜活起来。他们看到了鲁迅先生“俯首甘为孺子牛”的温情和细腻，也看到了鲁迅待人接物的温和与谦逊。

2017年，乍暖还寒时候，我们又与鲁迅先生相遇了。我伸出两只手——一手捧着内山完造的《我的朋友鲁迅》，一手捧着周海婴先生的《我与鲁迅七十年》——推着孩子们走到鲁迅先生面前，看见他的眼，听见他的笑。我张开手臂，给孩子们一个大大的拥抱——感谢你们，再一次带我一起感受先生不朽的温暖和力量。

先生的柔情
——柔情鲁迅

2019届2班　张新月

说到鲁迅，你会想到什么？“横眉冷对千夫指”，对吧？没错，鲁迅是一个与旧势力作斗争的人，坚韧、冷静，但是，也有“俯首甘为孺子牛”的一面。

鲁迅的儿子——周海婴虽然是在难产时父亲选择保大人的情况下出生，但即使如此，先生也在他身上倾注了十分的爱。

鲁迅先生的好友内山完造多年后回忆道：“随着海婴一天天长大，我时不时就会看见先生手上拿着颜色漂亮的赛璐珞玩具回家，而且手上的玩具还不停地变化着。”想象一下这画面吧：一个身着牙黄羽衫、不苟言笑的、似乎只适合出现在黑白相片里的中年人，手中拿着一个颜色鲜艳的玩具。其实，我们的父亲，又有几个没有拿着气球、陪我们去游乐园的呢？

内山先生还回忆说，先生曾经跟他说，海婴不想去幼儿园，原来是因为裤子里头缝了个日本旗上的太阳，换了裤子后才高高兴兴去幼儿园了。我们小时候不去幼儿园，情况不外乎想睡懒觉或想玩，然而周海婴却是因为裤子里面缝了日本国旗。这样小的孩子，就有这么可贵的意识，可见先生教育得好。

而周海婴也在《鲁迅与我七十年》一书中，写了有关鲁迅先生的各种回忆。其中有一张照片，上面是年幼的周海婴，乍一看是一张普通的照片，但看到下面一句话之后，我又有了另一种感受：“在后面举着我的，是父亲的手。”一句短短的话，让我又返回去，一遍又一遍地看那张黑白照片。海婴身后似乎什么也没有，但是，这张照片有一种父亲在身边的安心感。现在也有许多人拍亲子照：父亲把儿子举起来，头却被挡住了。我相信，那位父亲的面容虽看不见，脸上却一定是慈爱的笑。

最后，用鲁迅先生的一首诗来结尾吧：“无情未必真豪杰，怜子如何不丈夫？知否兴风狂啸者，回眸时看小于菟。”

点评

特别喜欢这篇文章，让我们看到鲁迅先生作为父亲时最温暖的模样。两本书里内容的互相印证，在我们面前展现出全息投影般的影像——影像中是被举起的儿子，是父亲被挡住的笑。亲子之间的感情，从小到大的作文里都写过很多，但如果不是对鲁迅这样“近距离”的思考和观察，我们很难体会到文章中所写的“父亲把儿子举起来，头却被挡住了”的那种微妙感觉。我们慢下来，多读书，不是单纯为了学习别人的写作手法。手法只是最表层的东西，对一个微妙问题有深度的细致揣摩，才是学生在学习过程中更有力量的成长。

先生的“撕”
——我眼中的鲁迅

2019届3班　蓝曼心

以前，鲁迅先生的形象对我来说是很模糊的，只知道他写了很多文章，其中一些被选入了语文书。他是伟大的“文学家、思想家、革命家”。当时我对他的了解仅仅限于这几个标签。

过去，我总觉得鲁迅是神圣的、不可侵犯的、只能敬而远之的，但现在我发现他亲切、平易近人。此外，比起这些，我对他印象最深的还是“撕”。

有一次语文课上，老师讲到了梁实秋的文章，还提了一句他跟鲁迅“撕”过，我回去查阅资料，了解了一下，发现是这样的：

二十世纪，中国作家分成两派。一派认为文学是有阶级的，另一派认为文学是没有阶级的。鲁迅支持前者，梁实秋支持后者。鲁迅认为文学可以作为工具，梁实秋却不这么认为。先不说这两个观点的对与错，他俩确实站在了对立面，梁实秋代表的不是“草根”，而鲁迅却与劳动人民站在了一起。

于是，他们两个就吵了起来，两人在报纸上发表文章“对骂”。直到现在，在百度上搜“鲁迅、梁实秋”，搜到的也是《梁实秋谈鲁迅：他没有文学家应有的胸襟》《鲁迅为什么要骂梁实秋是“丧家犬”》等，甚至还有一本书叫《鲁迅梁实秋论战实录》，可见他俩“撕”的激烈程度。

再后来，我看了《我的朋友鲁迅》这本书，其中有一段写到他和一个日本人的争论。这个日本人叫德富苏峰，有一件珍品《大唐三藏法师取经记》，他认为这本书是宋代的，但鲁迅却认为是元代的，于是他俩就在报纸上“撕”了起来。

我看了鲁迅跟他“撕”的那篇文章，发现里面写了一大堆“鉴宝”的知识，比如缺笔与朝代的关系之类。原来鲁迅不仅会写文章，还“上知天文，下知地理”，是个十分渊博的人。

他跟别人“撕”，是有文化地“撕”，是有理有据地“撕”。

我想了想，他大部分时候的“撕”，都是为了社会底层的老百姓，他敢站出来为他们说。这一点令人敬佩。正是像他这样的旧时代的叛逆者，在推着时代前进。

点评

从那个表面上“俯首甘为孺子牛”的“奶爸”鲁迅入手，会更容易把鲁迅理解成一个圆形人物，找到人物的弧光，但把鲁迅的战斗者形象加以深入剖析并最终反转，却是一个很难想到的角度。这篇文章的立意真是独特到让人叫绝。提到“撕”，大家会觉得这是鲁迅先生最“刚”的特点，生命不息，战斗不止。然而小作者在思考之中，却看到了先生最柔的一颗心。

我眼中的鲁迅

2019届2班　吴思萱

他穿着颜色并不鲜艳的长衫，很瘦，面色微微有些发黄，胡须好像用隶书写的“一”字。

他叫鲁迅，我们都认识他。

我第一次认识鲁迅大概是五六年级时吧，在《我的伯父鲁迅先生》这篇课文中，鲁迅给我的印象是和蔼的，总是把别人放在自己之前。

再一次认识鲁迅就是《我的朋友鲁迅》了，这本书中的鲁迅给我的感觉不再仅仅是一堆“标签”，一幅照片，而是一个真实的形象，一个会哭会笑的鲁迅，一个可以让人走近的鲁迅。

大文学家和我们又有什么区别呢？鲁迅也会犯错，也懂幽默。他曾经也是孩子，是那个在百草园翻墙根、捉小虫的孩子，是那个在“三味书屋”时期偷偷溜到院子里玩的孩子。

他爱孩子、爱他人、爱所有的青年人。他总是为别人想得多，为自己想得少。无论是帮助受伤的洋车夫、以非常便宜的价格卖给爱书青年两本书，还是借给受了骗的女人一百元，这些看似很小的事，都会影响那些人一生吧。

“只要一无所有、生活困难的人有需求，能帮忙的话帮一把，不是理所当然的事情吗？”墙上，鲁迅的照片好像在这么说。

现在的社会，人心冷漠，人们为了防止受骗，禁锢了自己的爱心，而鲁迅先生提醒了我们：“能帮忙的话帮一把，不是理所当然的事吗？”

而直到生命的尽头，鲁迅先生都在以自己的视角和方式改变着世界。他的影响还会持续下去，直到未来。或许他离我们很远，在我们的眼里仅仅是课文中那个铁骨铮铮的“文、思、革”，但其实，他离我们也很近。

伟大的鲁迅是孤独的，孤独的鲁迅需要我们走近。

点评

这篇文章抓大放小，没有写鲁迅的某一面，而是用温暖的口吻，力图为我们勾勒出自己心目中鲁迅的整体形象。全文没有使用什么结构上的巧妙设计，读起来却娓娓道来，如果没有一点儿对鲁迅的“真爱”是做不到的。但美中不足的是，结尾的“远近”“孤独”没能和整体形成呼应。

二、搞定文言文

在我的语文课上，是没有文白对译这样的环节的。现在学英语都讲究自然拼读了，总拿着一种学外语的方式对待文言文，就像拿着刀叉吃饺子一样，方法就错了！

文言文，是我们文化的精髓，它鲜活地流淌在我们的血脉中，滋养我们成长。哪怕是一边解释、一边背诵的讲课方式，哪怕你当时觉得很烦很无聊，但这些来自先哲文人的佳作名篇，也会留存在你的脑海深处，在你被生活撞个跟头或拥个满怀的时候，从你嘴里蹦出来——原因很简单，那本就是我们的一部分。

基于这样的理解，我的文言文教学，或是从关于作者的故事讲起，或是从文中最有趣的地方切入……总之都是在理解内容和探讨主题的同时领悟古汉语的韵味。

这样学下来，孩子们不再把文言文当作高高在上的“陌生人”，而是日渐发现她的魅力，与她成了最好的朋友。

于是乎，孩子们在经典作品中做起了游戏，将文言文与现代作品进行改写，在改写中表达着对汉语的热爱。

尤其是到了初三，也许真的不能再让孩子们像以往写随笔那样自由地“我手写我心”； 但我也不愿意他们成为“戴着镣铐跳舞”的囚徒。

那么，我们就在初三的最后一段时间里，做个闯关的侠客吧！

（一）散文变骈文

学习简案

课型	将经典写景散文改写成文言骈文的随笔练习
学习重点	在前期阅读学习中品味文言骈文的语言特点，自由选择改写内容，尝试写作
实施要点	鼓励学生大胆尝试，完成挑战性任务，对自己的写作水平加以肯定
成果亮点	改写后的骈文与原文在抒情表意上的风格一致，体现出学生高水平的语文素养

“山水之美，古来共谈。”在集中学习了经典写景骈文之后，我给学生出了一道挑战题：“请选择一段自己喜欢的现代写景散文，尝试改写成骈文。”没想到的是，学生很多都选择了朱自清的散文，改写出的骈文像模像样，令人称赞。

春

朱自清

……

“吹面不寒杨柳风”，不错的，像母亲的手抚摸着你。风里带来些新翻的泥土的气息，混着青草味儿，还有各种花的香，都在微微润湿的空气里酝酿。鸟儿将窠巢安在繁花嫩叶当中，高兴起来了，呼朋引伴地卖弄清脆的喉咙，唱出宛转的曲子，与轻风流水应和着。牛背上牧童的短笛，这时候也成天在嘹亮地响着。

雨是最寻常的，一下就是三两天。可别恼。看，像牛毛，像花针，像细丝，密密地斜织着，人家屋顶上全笼着一层薄烟。树叶子却绿得发亮，小草也青得逼你的眼。傍晚时候，上灯了，一点点黄晕的光，烘托出一片安静而和平的夜。乡下去，小路上，石桥边，有撑起伞慢慢走着的人；还有地里工作的农夫，披着蓑，戴着笠的。他们的草屋，稀稀疏疏的，在雨里静默着。

天上风筝渐渐多了，地上孩子也多了。城里乡下，家家户户，老老小小，他们也赶趟儿似的，一个个都出来了。舒活舒活筋骨，抖擞抖擞精神，各做各的一份事去。“一年之计在于春”，刚起头儿，有的是工夫，有的是希望。

春天像刚落地的娃娃，从头到脚都是新的，他生长着。

春天像小姑娘，花枝招展的，笑着，走着。

春天像健壮的青年，有铁一般的胳膊和腰脚，他领着我们上前去。

朱自清的《春》改写

2022届8班　汪科宇

暖风拂面，似母之手。泥土之息，青草之味，花朵之香，酝酿于风。花叶之中，有鸟筑巢，欢乐至极，争相鸣叫。婉转之曲，和风之韵。牧童短笛，整日嘹亮。

雨甚寻常，三日为限，切勿烦恼。如毛似针，细丝斜织，笼屋生烟。草青叶亮，甚是亮眼。暮时上灯，夜静心安。东风欲莅，寰世焕然。

山河共色，日月同兴。翠草成茵，小娃皆嬉。桃、杏、李者，喧暖竞荣。炽火粉霞，不为过也；白雪碧波，相较差异。乱蜂嗡鸣，千百簇拥，若非花下则不见；群蝶飘飞，三四西东，若非曜中则无影。芳茉万千，朱碧紫黛，灿若星辰。

杨柳之风，吹面不寒。风卷花香，流引草嗅，余韵无穷。气纳鸟鸣，引商刻羽，回味不绝。

雨，常者也。似针线，若毛发。烟霭将起，燕莺双飞。翠色逼眼，灯晕明夜。或小径旁，或板桥下，人皆披蓑戴笠，立于细雨，房俱横纵不一，墙稀垣疏，何寂然者矣。

又当飞鸢满空，孩童疾走；村人盈乡，兴荣繁昌；老叟携妻，俊朗神丰。一年之计，当属春也：万物方醒，良多机遇。

春似襁褓，似及笄，似弱冠，举身全新，花姿动人，领吾者弛去新生者是尔！

点评

这篇改写的成功之处，在于作者并没有逐句对译，而是根据自己的理解和语感，描绘出了一个个春意盎然的场景。第二段段尾更是增加了对所有画面加以评价的“寰世焕然”，是整个段落的点睛之笔。全文最后一句话“领吾者弛去新生者是尔”，严格来说，语法上有些问题，但语气上的豪情不减。

桨声灯影里的秦淮河

朱自清

大中桥外，顿然空阔，和桥内两岸排着密密的人家的景象大异了。一眼望去，疏疏的林，淡淡的月，衬着蔚蓝的天，颇像荒江野渡光景；那边呢，郁丛丛的，阴森森的，又似乎藏着无边的黑暗：令人几乎不信那是繁华的秦淮河了。但是河中眩晕着的灯光，纵横着的画舫，悠扬着的笛韵，夹着那吱吱的胡琴声，终于使我们认识绿如茵陈酒的秦淮水了。此地天裸露着的多些，故觉夜来的独迟些；从清清的水影里，我们感到的只是薄薄的夜——这正是秦淮河的夜。大中桥外，本来还有一座复成桥，是船夫口中的我们的游踪尽处，或也是秦淮河繁华的尽处了。我的脚曾踏过复成桥的脊，在十三四岁的时候。但是两次游秦淮河，却都不曾见着复成桥的面；明知总在前途的，却常觉得有些虚无缥缈似的。我想，不见倒也好。这时正是盛夏。我们下船后，藉着新生的晚凉和河上的微风，暑气已渐渐消散；到了此地，豁然开朗，身子顿然轻了——习习的清风荏苒在面上，手上，衣上，这便又感到了一缕新凉了。南京的日光，大概没有杭州猛烈；西湖的夏夜老是热蓬蓬的，水像沸着一般，秦淮河的水却尽是这样冷冷地绿着。任你人影的憧憧，歌声的扰扰，总像隔着一层薄薄的绿纱面幂似的；它尽是这样静静的，冷冷的绿着。我们出了大中桥，走不上半里路，船夫便将船划到一旁，停了桨由它宕着。他以为那里正是繁华的极点，再过去就是荒凉了；所以让我们多多赏鉴一会儿。他自己却静静的蹲着。他是看惯这光景的了，大约只是一个无可无不可。这无可无不可，无论是升的沉的，总之，都比我们高了。

朱自清的《桨声灯影里的秦淮河》改写

2022届2班　武子顺

大桥中外，顿然空阔，两岸人家，密密匝匝。一眼望去，林疏月淡，蓝天为衬，颇似荒野。望之彼岸，郁郁森森，黑暗无垠，疑非秦淮。灯光朗照，画舫纵横，笛韵悠扬，杂似胡琴。静水深流，绿如陈浆，终信秦淮。天裸地露，夜来独迟，水影清浅，唯感薄夜。

大中桥外，原有一桥，名曰复成，船夫游人，到此皆无，或到此处，繁华已尽。十三四岁，曾复践此，两次游河，皆未曾见；明知在前，常觉虚无。不见亦好。

正值盛夏，下船步行，始觉微凉，微风轻拂，暑气渐散。身置此地，豁然开朗。习习清风，荏苒面上，又添新凉，身心清爽。南京日光，盖无猛烈；西湖夏夜，炎热如沸。秦淮之水，竟冷而绿。人影憧憧，歌声扰扰，如隔薄纱，安静清冷。

过大中桥，不及半里，船夫停桨，从流飘荡。曰此为繁华尽处，过之荒凉；劝众止步，在此久赏。船夫原是看惯此景，可有可无。无论升沉，其境高矣。

点评

这篇文章的结尾部分，写到船夫与景色共同构成的心境和意境，已经超出了单纯的景色描写，是有一些难度的，但小作者用“原是看惯此景，可有可无。无论升沉，其境高矣”来表达，点破了原文中没有说透的部分，让我们感觉古文甚至比现代文还要清晰明确。小作者的功力体现其中。本文的弱点在于，有些表达有不连贯之感。

荷塘月色

朱自清

这几天心里颇不宁静。今晚在院子里坐着乘凉，忽然想起日日走过的荷塘，在这满月的光里，总该另有一番样子吧。月亮渐渐地升高了，墙外马路上孩子们的欢笑，已经听不见了；妻在屋里拍着闰儿，迷迷糊糊地哼着眠歌。我悄悄地披了大衫，带上门出去。

沿着荷塘，是一条曲折的小煤屑路。这是一条幽僻的路；白天也少人走，夜晚更加寂寞。荷塘四面，长着许多树，蓊蓊郁郁的。路的一旁，是些杨柳，和一些不知道名字的树。没有月光的晚上，这路上阴森森的，有些怕人。今晚却很好，虽然月光也还是淡淡的。

路上只我一个人，背着手踱着。这一片天地好像是我的；我也像超出了平常的自己，到了另一个世界里。我爱热闹，也爱冷静；爱群居，也爱独处。像今晚上，一个人在这苍茫的月下，什么都可以想，什么都可以不想，便觉是个自由的人。白天里一定要做的事，一定要说的话，现在都可不理。这是独处的妙处；我且受用这无边的荷香月色好了。

曲曲折折的荷塘上面，弥望的是田田的叶子。叶子出水很高，像亭亭的舞女的裙。层层的叶子中间，零星地点缀着些白花，有袅娜地开着的，有羞涩地打着朵儿的；正如一粒粒的明珠，又如碧天里的星星，又如刚出浴的美人。微风过处，送来缕缕清香，仿佛远处高楼上渺茫的歌声似的。这时候叶子与花也有一丝的颤动，像闪电般，霎时传过荷塘的那边去了。叶子本是肩并肩密密地挨着，这便宛然有了一道凝碧的波痕。叶子底下是脉脉的流水，遮住了，不能见一些颜色；而叶子却更见风致了。

月光如流水一般，静静地泻在这一片叶子和花上。薄薄的青雾浮起在荷塘里。叶子和花仿佛在牛乳中洗过一样；又像笼着轻纱的梦。虽然是满月，天上却有一层淡淡的云，所以不能朗照；但我以为这恰是到了好处——酣眠固不可少，小睡也别有风味的。月光是隔了树照过来的，高处丛生的灌木，落下参差的斑驳的黑影，峭楞楞如鬼一般；弯弯的杨柳的稀疏的倩影，却又像是画在荷叶上。塘中的月色并不均匀；但光与影有着和谐的旋律，如梵婀玲上奏着的名曲。

荷塘的四面，远远近近，高高低低都是树，而杨柳最多。这些树将一片荷塘重重围住；只在小路一旁，漏着几段空隙，像是特为月光留下的。树色一例是阴阴的，乍看像一团烟雾；但杨柳的丰姿，便在烟雾里也辨得出。树梢上隐隐约约的是一带远山，只有些大意罢了。

树缝里也漏着一两点路灯光，没精打采的，是渴睡人的眼。这时候最热闹的，要数树上的蝉声与水里的蛙声；但热闹是它们的，我什么也没有。

忽然想起采莲的事情来了。采莲是江南的旧俗，似乎很早就有，而六朝时为盛；从诗歌里可以约略知道。采莲的是少年的女子，她们是荡着小船，唱着艳歌去的。采莲人不用说很多，还有看采莲的人。那是一个热闹的季节，也是一个风流的季节。梁元帝《采莲赋》里说得好：

于是妖童媛女，荡舟心许；鹢首徐回，兼传羽杯；棹将移而藻挂，船欲动而萍开。尔其纤腰束素，迁延顾步；夏始春余，叶嫩花初，恐沾裳而浅笑，畏倾船而敛裾。

可见当时嬉游的光景了。这真是有趣的事，可惜我们现在早已无福消受了。

于是又记起，《西洲曲》里的句子：

采莲南塘秋，莲花过人头；低头弄莲子，莲子清如水。

今晚若有采莲人，这儿的莲花也算得“过人头”了；只不见一些流水的影子，是不行的。这令我到底惦着江南了。——这样想着，猛一抬头，不觉已是自己的门前；轻轻地推门进去，什么声息也没有，妻已睡熟好久了。

一九二七年七月，北京清华园

朱自清的《荷塘月色》改写

2022届8班　黄隽楷

近日心神皆躁，暮逃暑于庭中。月缓升而悬于空，童之悦音已止。妻顾子于内室，低声歌而呜之。吾遂悄然披衣出。

顺幽径绕池行，四面寂寥无人。水边杨柳数株，环池树木葱郁。

夜色寂寥，树影婆娑。而或乌云笼月，令人悚然生畏。

池中荷叶甚密，翠绿如画。荷出水亭亭然，菡阑珊点缀其间。或盛开而袅娜，或含苞而待放；或如明珠粒粒，或如美人出浴。菡香伴风而至，如歌自远而来；荷花倚风起舞，如漪缓缓荡漾。

少顷，举头见屋立于前，推门而入，无声复生，妻子酣已久。

2022届8班　孔德豪

月光似水，静洒花叶，薄雾浮塘。红花绿叶，如经水洗，似梦笼纱。玉轮虽满，淡云浮天，虽非朗照，光影有致。月看半满，不亦悦乎？隔树见光，树木丛生，参差披拂。落影若斑，峭楞如鬼；柳影如画，映于荷叶。月色映塘，光影交辉，似琴奏曲。

2022届14班　刘讯泽

独行夜路，步于水边，曲折荷塘，田田花叶。叶展如裙，层层叠叠；花缀若珠，星星点点。微风传香，如音频传，轻颤叶屏，波痕凝碧。

夜月流水，淌于池间，薄浮青雾，笼梦轻纱。层云淡淡，不能朗照；灌木高高，参差斑影；弯柳疏疏，映于荷面。和谐韵律，奏于乱光之中。

四面丛树，多为杨柳。重重围围，少有阙处。灯光透缝，照映睡眼，蝉蛙乱鸣，令人缄耳。此景虽美，与吾何干？

点评

三篇改写，虽是针对同一篇文章，但风格情趣各有千秋。

第一篇改写的情感脉络非常清晰，从“心神皆躁”到“无声复生”的心境转变，自然而动人。最后一句“无声复生，妻子酣已久”看似矛盾，实则是无损原文的神来之笔，熟悉的鼾声让这个夜晚显得格外宁静。

第二篇的改写掐头去尾，把景色本身当成重点，对仗工整，骈文功底不错，文字间有点《与朱元思书》的意思。

第三篇作者从原作中解读出的是清冷的境界，与其说是为俗事所扰，倒不如说是遗世独立。同一篇散文，改写却如此不同，可见境由心生。最后一句“与吾何干”有老成之意。

（二）宋词变散文

学习简案

课型	以不同角色切入，将经典宋词改写成现代散文
学习重点	理解宋词中意象的内涵和作者的情感，选择恰当角度加以改写
实施要点	基于前期对词作者的全面认识和作品的充分解读，明确不同角色表达的重点
成果亮点	作文角度多样，表达恰切，内涵符合原作

《渔家傲·秋思》是北宋文学家范仲淹的经典词作。这位以天下为己任的英雄，将“雁去军留”的坚定和“燕然未勒”的惆怅融合成一曲千古名作，叩击着一代代人的心灵。这首词的起承转合、描写抒情，非常值得细细品味。

于是，新的挑战来了——选择合适的视角、结合恰当的想象，将这首词改写成一篇散文。

秋思

北宋·范仲淹

塞下秋来风景异，衡阳雁去无留意。四面边声连角起。千嶂里，长烟落日孤城闭。

浊酒一杯家万里，燕然未勒归无计。羌管悠悠霜满地。人不寐，将军白发征夫泪。

《秋思》第一人称视角（范仲淹）改写

2022届14班　李玿敫

从延城城楼望向远方，只见荒凉的戈壁与山峦。西北多风沙，连戈壁里孤独生长的树也泛着土灰色。眼下已是秋天，天边飞过一排排大雁，它们要离开这荒凉的西北，回到温暖的南方。它们去意已决，连一声鸣叫也不肯留下。不知不觉，我已经在城楼上站到了黄昏时分，号角吹起，边塞特有的风声、马啸声、羌笛声和着号角声从四面八方回响起来，我听着这些声音，不禁感到悲凉。号角声仍在继续，回荡在层层叠叠的群山之中。太阳落下了，边塞的狼烟升起。看着这景色，我不禁想起王维的诗句："大漠孤烟直，长河落日圆。"而和长烟落日一起驻守在这里的，也只有我身后的这座孤城了——怎一个"孤"字了得！

天渐渐晚了，我端起一杯酒，浊酒入喉，想起我远在万里的家人。但我不能回去，敌军还未被消灭，国家还需要我们保护。四周黑了下来，已经是夜晚，晚风吹过，风中夹杂着一丝悠长、悲怆的声音，可能是羌管吧！月光洒下，地上就像结了霜一样。"举头望明月，低头思故乡"，我缓缓念出李白这首诗，眼眶逐渐润湿了。

点评

这篇改写的亮点是敏锐地点出了王维的“长河落日”“大漠孤烟”的典故。这样的意象，让我们隐隐看出了古人诗歌背后“化用”这一手法的灵活运用。学生在本文中则化用了李清照“怎一个愁字了得”的句式，活学活用。

《秋思》第一人称视角（副将）改写

2022届14班　赵轩宸

离开点将台，我随大军走出城门。看着这青石所筑的城墙，心中不禁有些酸楚。这次与西夏交兵，什么时候才能与妻子儿女团聚啊。

我是范将军手下的副将，所以一路上听了将军许多的感慨。天气越来越冷，秋意也越来越深了。南归的大雁不时成群从头顶飞过。我心想，大雁都知道北方的日子不容易啊。可惜我们这些将士，还有范将军……“衡阳雁去无留意”，我听他喃喃自语。回燕峰？那里的舒适气候令我难忘。

我们今天与西夏开战了，一直鏖战到傍晚，毫无进展的战况和那毫无生机的萧条景象让人发愁。我悄悄来到城墙上，看着这无边荒原，忧愁、思念、孤寂之情涌上心头，我忽然觉得自己很渺小。“长烟落日孤城闭。”不远处，竟是将军还在感慨。

北方的冬天非常难熬，西夏国的反攻意味着我们快半年的进攻失利了。一杯酒更增愁绪，将军也不如出征时那么精神了。我端了一碗热酒进入军帐。“浊酒一杯家万里。”将军叹道。家？万里？有家又如何？又怎能归乡？“燕然未勒归无计”，战争未完，怎能做逃兵？将军说得十分坚定。

在冷似铁的帐中，我辗转反侧，终夜不眠。想到刚刚与羌族老人学会的羌管，我来到月下；想到了同被月光照着的家小，我吹响了羌管。一曲悲歌，又是一曲，有多少将军白了头？有多少数不清的泪水？地上的霜反着月光，而在旁边又多了层未结成冰的水。

“将军白发征夫泪。”将军不知何时已走了出来。

点评

这篇文章从范仲淹的副将的角度去写，比较新颖。由于征战不是副将本人的意志，而是执行着命令，所以本文不再着墨于边塞诗的豪情，而反战、厌战的情绪贯穿了始终。从文章一开始，小作者就点明了副将“思乡”的心境，而他对“孤城闭”的创意解读，让我们体会到了一种更深的孤独——哪怕所有人都在“思乡”，但思乡的人之间，也有着许多隔膜。他人视角往往是最难写的一种视角，而小作者却写出了特色。

《秋思》第三人称视角（范仲淹）改写

2022届2班　徐文轩

夕阳下的沙山像是被刻在了远方，棱角分明的山脊后是昏黄的天空。天空显得阔大，几抹浮云被映成了橘色，掩住了本该洒向地面的光芒。远去的大雁带着士兵们对家乡的祝福，留下了几道渺茫的背影。

少顷，战马悲鸣，马嘶声从四方传来，落日慌不择路地跌进了西山。城门紧闭着，隔开了敌人，也隔开了家乡。所有士兵都望着长烟一点点地淡化，又一点点地消散于天穹。

人间已晚，山河已秋。将军站在城楼上，看着深黑处的月。他端起浊酒，一仰头便一干而尽，酒杯中只剩下悠悠月光，他心中也只剩下故乡的月。

“可惜呀，可惜呀。”将军自言自语地喃喃道，“功业未成，我还不能走呀。”不知从何处传来的笛声载着将军的思绪传向了远方。

那是故乡的歌谣，将军也不禁浅唱出来，一声又一声，歌声愈加变得哽咽，尘封已久的泪水浸湿了衣襟。

这一夜，将军未眠；这一夜，故乡的月仍旧明亮。

点评

这篇文章的优点，在于作者的文字有种果断利落的感觉，非常适合这首词中原有的意境。“落日慌不择路地跌进了西山”，用拟人的手法，情景交融，衬托出了人在边疆，战事无进展、心里无着落的精神状态。需要注意的是，这里的“羌笛”并非故乡的笛声，而是异域风情的音乐。

三个孩子选择了三种不同的视角，对诗词的内容加以想象、加工，其间表达出的情绪和意境都与原作十分吻合。管中窥豹，我觉得我的孩子们真的读懂了这首词，理解了范仲淹。

（三）谁的学习没难处？

学习简案

课型	由文言阅读引出的同题材写作
学习重点	理解文言作品的主题思想，对照现实生活，确定中心和选材
实施要点	在文言阅读和课堂写作之间建立关联，增强学生写作选材的灵活性和深刻性
成果亮点	作品素材源于生活，体现出当下学生的真实体验

学完《送东阳马生序》，我让孩子们写写自己遇到过的“难”。

以下几篇，选材多样，刻画细腻，情感真挚。我喜欢他们的轻松幽默，风轻云淡。

背诵之难

2022届14班　王婧航

古诗文，尤其是写着“必背”的古诗文，一转眼已纠缠我好几年。原本我很喜欢讲解唐诗宋词的课，写景的句子优美清新；抒情的句子动人深沉；若是借景抒情，则那一幅幅烟云江山卷轴中，景与情的交融让人回味无穷。有时我把它们当故事听，学习古文在我心中简直是一场自由的穿越！但是，当那些长篇要全文背诵时，我看它们的眼神黯淡了不少，“颜如玉”般优美的词句也稍降了一分姿色，背诵真叫我头疼！

我反反复复地浏览，默读，使劲用脑子去记忆。可每当妈妈帮我检查时，我却磕磕绊绊，吐不出一个连续的句子。我努力调动脑海中的一个个碎片般的回忆，就是拼不出那幅完整的图画。几个熟悉不过的字明明就要记起来了，却像鱼刺卡在喉咙似的难受，吞吞吐吐半天还是放弃了，跟理发时脖子上沾满碎头发一样不是滋味。

经历了种种失败，我终于试着做出改变，换个方法。既然我喜欢故事，不如就先记住故事，再根据内容想原文。我先放平心态，把原文读熟后看几次译文，看一段原文对应一段翻译，就这样来回读，再看着翻译回忆原文。几篇下来，感觉好多了。虽然其中一些“曰”“者”“也”等细节仍有缺漏，但大体结构不丢的情况对我而言已经不错了！

为了进一步复习巩固，我借了妈妈的手机将要背诵的古诗文录下来，利用早上起床、晚上洗漱或吃饭的碎片时间听一听，正可谓“时间就像海绵里的水，挤一挤总会有的”。利用好挤出的时间，其实也会轻松不少。在一次次记忆中，我对原文的理解更是加深不少，“书读百遍其意自现”，好的文章多回味一次，便多一分感受。真正理解又背牢之后，我对背诵的自信和从中得到的成就感，便激励我走好下一步。

背诵这件事到现在对我来说也不是那么一帆风顺，坎坷还是有不少，只要我的信心和态度在，我对它的兴趣不消减，一切也不算那么难克服了。背诵虽难，但要是连面对它、挑战它的勇气都没有，什么样的学习又算简单呢?

点评

这篇文章的选材太有趣了。学生受到文言文启发，写了一篇关于如何背诵文言文的心得体会，挺好。关键是文中提到的背诵方法，还是很精准到位的。“几个熟悉不过的字明明就要记起来了，却像鱼刺卡在喉咙似的难受”“跟理发时脖子上沾满碎头发一样不是滋味。”这些细节很生动，非身在其中者难以体会。

跨越两年的突破

2022届14班　刘讯泽

周六，我正在屋中收拾着东西，翻开角落里堆积如山的纸堆，一件物品映入了我的眼帘——那是一把民谣吉他，琴身伤痕累累，六根琴弦布满了斑驳锈痕。我的思绪瞬间飞回了两年前，想起了那座没有翻过的高山……

第一节课，老师用一首优美的《天空之城》欢迎我们。听完最后一个音符，我便下定了决心：不管有多大的困难，我都要学会吉他，演奏《天空之城》！或许是愿望迫切，我进步飞快，两三节课便掌握了基本功，比其他同学提前一半时间结束了练习曲的学习。指法娴熟之后，我迅速投入到《天空之城》的练习中。

不得不承认，《天空之城》的难度很大。它的音符更密集，音域更广，要求手指快速在胳膊长的琴颈上跳跃，每一个音符的容错度只有一个手指宽。在练习其他歌曲时，我只需两节课便能把握，但熟悉《天空之城》的前两行乐谱，我花了整整一节课。好在时间充裕，我快练慢练，终于学到了最后一行，但就在这里，我遇到了难以逾越的障碍。最后一行要求一种叫“横按”的指法——一根手指同时按住多根琴弦，而民谣吉他的弦是钢弦，手指按上去后宛如刀割般疼痛。我一次又一次地尝试，一次又一次地失败，最终结课时，我也没有成功……

思绪回到现在。我盯着手上的吉他，想起了当初的决心。这一次我一定要学会演奏《天空之城》！

我端起吉他，开始寻找手感。我用力地一遍又一遍按着琴弦，早已使不出力道的指尖一遍又一遍地体会切割的痛楚。睡觉前，我放下了吉他——我用了两个小时的时间，磨出从前一周才磨出的茧子。

第二天下午，我飞快赶完作业，抱起了吉他。弹到了最后一行，我将手指摆在了六根琴弦上，犹豫了一会儿，最终下定决心，用力摁了下去。那种疼痛仿佛钻到骨子里——六根琴弦陷入手指半厘米，尤其是关节处紧紧压着最细的弦。我咬着牙，紧紧摁了五秒，弹出了乐段中包含的四个音符。我成功了！我松开手指，手指内侧如刚出炉的法棍般深深印着六道深红色的痕迹，但我的喜悦彻底盖过了不适——我战胜了困难，超越了自己！

点评

因为曾经学过吉他而半途放弃，我特别喜欢这篇文章。很多时候，咬牙的坚持，就会突破自我，所以，不能轻言放弃！从文章开头起，作者述说了自己被音乐本身吸引，对吉他曲难度的描述也是内行人口吻。作者没有提到太多音乐和学业的冲突，也不是为了参加比赛等外在要求，而是为了自己心中的音乐理想。这一点在立意上颇为不俗。

三、神奇想象文

想象文写作，一直是个存在争论的问题。

综合各种考试题，选材方向大多是穿越到过去或者未来，上到外太空或者下到大洋底，莫名遇到困境或者获得超能力……在阅卷的时候，老师们又会认为一些作文的想象不着边际、缺少逻辑。可是，平常跟学生聊天，听他们天马行空地讲自己的想法，我又会想起那句话——每个孩子都是天生的诗人。所以呢，大胆推测一下，问题不一定出在孩子们的想象写作能力上，如果给他们一些合适的引导，每个孩子都能写出超棒的作品。

（一）协作的力量

学习简案

课型	分步开展小组合作的想象写作
学习重点	从确定开头开始，以小组为单位，逐步完成任务，最后合作完成作文
实施要点	老师要跟进每个小组的进展，在学生遇到问题时予以点拨和推进
成果亮点	作文想象合理、主题鲜明

我一般会在初一第一学期学习想象单元时，指导学生们完成一次小组合作的想象文写作。

第一步：全班按四五个人一组分成若干组，每组抽取一句话作为文章的开头——

1. 许多年以前……

2. 很多年以后……

3. ……以后，……有了……

4. 在一个月黑风高的夜晚……

5. ……好多天都没有出现……

6. 在畅春园，有这样一个传说……

这几个开头，都是很常见的故事的开端；我希望用这样的设定可以带学生迅速进入写作情境。

第二步：文中人物要以本组同学或老师为原型，赋予其特殊的本领或独特的个性。作品主题要积极向上，符合北大附中“育人”的目标。

每次打出这条要求，课堂基本就都“炸”了！但这恰是在想象写作中最重要的一点——所有的想象都要源于生活，从真实生活中的人和事入手，孩子们才能更好地体会到什么是合情合理的想象和联想。

第三步：完成分组和抽签之后，孩子们会在课堂上分组讨论主题和人物设定，我会参与到每个组的讨论中，负责协调和点拨。当主题确定之后，孩子们集体列出作品提纲和分工，确定写作进度，开展写作并随时跟我沟通。

这样的写作过程，真的很“费”老师，每次我的脑子里要同时有十几条故事线索在推进；但看到孩子们高涨的热情和不断涌现出的神奇想法，我又很享受和他们一起感受团结协作完成一部“巨著”的成就感。

夜来·携手·梦同游

2025届5班　翟立言　韩静姝　赵悦言　兰禹铮　沈焱之　于大钧

【这是一部以数学老师为主人公的穿越故事。小组成员悉数登场，跟随数学老师穿越回他成长中的关键节点，回顾一个小男孩最终实现梦想成为老师的历程，给予孩子们追求梦想的力量。】

（节选）

在一个月黑风高的夜晚，冷月高挂枝梢。树下的街灯亮起暗黄的光，洒下层层光晕，干枯的树枝在风中摇晃，树影也随之摇曳。树上的最后一片叶被风吹落了，百般无奈地随着风上下翻飞，时起时落。一阵疾风吹来，它在空中飞速旋转，叶片卷起。过了一阵，风息了，树叶轻轻飘下，展平，悄无声息地落在一扇玻璃窗前。

窗户“咯吱”一声打开，里面伸出一只手，向下摸索，捡起树叶，将窗户关上了。

室内灯光明亮。“这道题你们听懂了吗？”帅老师将显示屏上的答案展示给学生。

“听懂了。”大家异口同声地说，除了之之。

“之之！”帅老师有些生气，“你有没有在认真听课？”大家的目光转向之之，之之正聚精会神地观察着一片叶子，那片叶子已经枯黄，但脉络十分清楚。

帅老师站起身，向之之走来，拿过他手上的树叶：“我小时候上课也研究过落叶，这么多年过去了，我现在还记得那片落叶的模样……”帅老师黑色的镜框下深幽的目光投向我们。

“您是怎么成为一名老师的呢？”言言疑惑地问。

听到这，小兰立即来了兴致，跳起来起哄：“对啊，对啊，您为什么要做一名数学老师呢？”

帅老师的嘴角微微上扬，欲言又止，他转过身，走向一排书柜。“咯吱”，帅老师打开一扇柜门，柜中的灯缓缓亮起，朦胧典雅。帅老师在里面翻找片刻，捧出四个方方正正的盒子，关上柜门，向我们走来。

椒盐好奇地问："哇！老师，这是什么？"大家一窝蜂地跑了上去，静静双手捧起最上面的盒子，缓缓打开，小心翼翼地拿出里面的东西。只见一个晶莹的水晶球中，一只蓝色的蝴蝶正上下翻飞。

"你们不是好奇，我怎么成为老师的吗？"帅老师笑道，"不如我带你们回去看看吧！你们把手放在这里。"帅老师先把手放在水晶球上，水晶球好像感应到了什么东西，立刻射出一道强光，把帅老师的手映成了橙红色的。帅老师说："你们也把手像我这样放上来。"大家按照帅老师的指引，依次将手依次按在水晶球上。

突然，水晶球向周围射出无数道白光，把教室里照得很亮。四周的世界开始缓缓旋转，越转越快，最后变成一片模糊，直到什么都看不清楚。慢慢地，视线内的景物才又变得逐渐清晰。

"这是哪里？什么情况！"之之大声嚷道。

大钧还是一如既往地板着脸，平静地安慰着之之："别担心，我们都在呐！先去前面看看吧。"

大家跟着大钧向一扇门走去，却看到门前站着一人。

椒盐皱了皱眉头，拽住前面的言言，悄悄地说："你有没有觉得这个背影有些眼熟？"言言也有同样的感觉，却一时想不出究竟现在哪里见过。

这时，那个人缓缓转过身来，六人屏住呼吸，一动也不敢动，脚下甚至已经做好了下一秒就撒腿逃跑的准备。

一缕光照在那人的脸上，竟然是他……

"帅老师！"小兰最先沉不住气，语气中带着几丝惊讶，但更多的是惊喜。

"老师，您吓死我们了！"言言的语气中充满了抱怨。

帅老师微微一笑，解释道："现在我们进入了一段回忆中，我们不会遇到任何危险，回忆中的人听不到我们说话，我们也无法更改回忆。好了，让我们一起去看看吧。”

点评

这篇文章是从孩子们创作的一个长篇节选的部分，合作作品一般很难做到笔力匀称，但显然他们做到了。我们这些小作者选择了一位大家都非常喜爱、了解的老师去写，素材了然于胸，下笔才能如此自然。

梧桐依旧

2025届5班　王怡林　贾适源　刘语歆　张绍洋　许仲德

【这是一部关于北大附中“向阳吾班”孩子未来的故事。小组成员在长大之后，共同建立了一个寄托着大家的文学梦想的杂志社，却在自媒体时代受到各种冲击。迷茫中大家团结一致找到出路，起名为“梧桐”（寓意：五班同学）的杂志成功“复活”。】

迷茫（节选）

三年了，三年。

时光回转。几年前，杂志社门口还是人声鼎沸。当时他们在母校门口选了块黄金地段，简单装修的小店，门口支着几把椅子。学生们放了学，便三三两两而来。午后的阳光斜照在小店里，照在忙着招呼学生的王主编脸上，她眯了眯眼。下午的阳光暖暖地洒在攒动的人群中，树叶缝隙间投下的碎影随着人潮涌动，人们额头上挂着晶亮的汗珠。少年们正年少气盛，叽叽喳喳的高谈论阔充塞着王主编的耳朵。她擦了把汗，又忙着给一位初二的女孩递书去了……

时光荏苒，梧桐树露出有些单调的深棕色树枝，只剩几片亮黄色的叶子零零散散地挂在枝头，从远处看过去甚是悲凉。王主编一边看着窗外，一边不停转动手中的笔。三年过去了，一切都变了，变得陌生。一间间日夜见证着清溪书屋路上学子成长的小房子不在了，花园也被翻修成了一圈小型的商务街区。“梧桐”的那块牌子已经很久没有擦过了，青绿的字迹逐渐开始掉色。人们在马路上低头看着手机，在杂志社门口就能望见的过街天桥上戴着耳机，听着音乐。到了夜晚，商务街区灯火通明，大小的店铺各自闪烁着五花八门的电子广告牌。

就在互联网飞速发展的三年中，纸媒逐渐被电子媒体所取代。如果你走在大街上，已经很难遇到捧着书或报纸的人。关于读书风潮的记忆，似乎只存在于很多很多年前豆瓣小组里那一张张读书的照片中了。曾经的他们那么投入，投入文字的海洋，而现在的人们都低着头，沉浸于自己的掌上世界。

曾经渴求知识的文艺青年们或是退网不见踪影，或是一天天变得陌生起来。不知何时起，大家开始放下书本和笔，拿起手机。很少有读者光顾店铺，更不用说订阅杂志了，邮政员早已撂下挑子远走。若说三年前是辉煌鼎盛，一年前是勉强维持，而现在，却是完全凭借信念走一步是一步。没有人知道这个杂志社什么时候会倒闭，也没有人知道倒闭后他们将去向何方。

她的思绪从很远很远的地方飘回来，穿过窗外的雪花，飘到这间屋子里。梅花——后院种的一棵梅花似乎真的在散发淡淡幽香。也许是心理作用吧，她这么想着，叹了口气。她穿着运动鞋——尽管她知道冬天不应该穿这个，走到门前，“咔嗒”一声关上了灯。她没有立刻离开，而是独自在窗子旁边坐了一小会儿，只是静静地望着窗外的雪，和那无尽的、已不属于她的绚烂。

如果我们此时从北京上空往下看，会发现亮光已不是一张网了，而是一块布，不透气的布。其中的几个小小的黑点，是破漏的洞。她正想方设法地向那些洞走去，不愿在平滑的、巨大的布面上游荡。在经过了几条无法避开的商务街之后，她来到难得的黑暗之处。她想起了很多年以前，在这附近的一个小小的公园内，她碰见了一个骑着二八大杠的卖糖葫芦的小贩。她记得很清楚，因为兜里没有十块钱，所以没买到糖葫芦；她也记得很清楚，二八大杠的脚蹬子“吱呀呀”地转的时候，飞机从天上掠过。此时太阳已经落山了，可余光还有一丝丝的亮光，让人弄不明白究竟是黄昏还是黎明。

她突然发现自己已经走得很远了，前面不远又到了灯火灿烂的地方。也不知道究竟要往哪里走，雪又开始无声地从天上落了。几个小时后，她提起自己的笔，写下一篇名为《冬日之夜》的文章，却隐隐约约地感知到，她快要告别陪伴自己十多年的故纸堆了。

点评

这篇故事取材来自对未来的幻想。难得的是，几位小作者似乎意识到了未来的艰辛，但他们无所畏惧。本文在写作上有意无意地提到了落叶的梧桐，巨大的亮光之网和与二八大杠的脚蹬子形成鲜明对比的飞机，都各自有其象征意味，恰到好处地烘托了情绪。

（二）温暖的想象

学习简案	
课型	贴近学生生活的命题想象作文
学习重点	仔细阅读引导语，选择恰当的素材，构思好大致框架后再进行写作
实施要点	鼓励学生以丰富的想象表达真实的情感和思想
成果亮点	作文选材丰富，表现出学生对生活的理解和热爱

到了初二，孩子们就需要独立完成想象文的写作了。这个时候，给他们出个什么样的题目让我思索良久。

我始终认为，想象作文也可以是温情而实在的。在几个题目都被推翻之后，我想起以前曾经让学生写过的一篇想象作文——《与___共进晚餐》。只不过那个时候，构思的过程是课堂上的头脑风暴，而这一次，需要孩子们单打独斗。所以我们的引导语既是钥匙，也是方向。

如果有一个机会，你能和一位在现实生活中很难遇到的对象共进晚餐，你会选择谁呢？是你最欣赏最崇拜的真实偶像？还是你最喜爱的影视文学作品中的虚拟人物？抑或是不同时期的自己……你们会选择在哪里用餐？会聊些什么？又会发生哪些有趣的事情或碰撞出什么样的火花？不必详细介绍对方，围绕这顿饭展开丰富而合理的想象即可。请将题目《与___共进晚餐》填写完整，写一篇想象作文。

拟写引导语的时候，我其实是加了一句“逝去的亲人”的，但有同事反对，说是这样一来就会与写实文混淆。其实我觉得不会，因为亲人逝去，留下我在这个世界想念他们，想跟他们共进的晚餐也属于一种幻想。那些曾经在现实生活中吃过的一顿顿饭，都成了触碰不得的伤，深埋心底了。这些我很清楚，但我不想说出来——因为，我也想跟姥姥吃晚餐！而我怕话未出，泪先流。

最终删去这句话，是心疼那些会有类似经历感受的孩子，希望不要因为一篇作文，再揭开思念的伤疤。

然而，还是有孩子写出了我不敢说出口的话。

与奶奶共进晚餐

2022届2班　冉沛鑫

"如果天堂有电梯，那些离开的人就能回来看我们了。"

——题记

我的奶奶已经去世三年了。每次想起她，我都会眼眶发热，忍不住掉下泪来。我一直相信，真的有一部"天堂电梯"。

推开西餐厅的大门，爵士乐飘进我的耳朵。服务员礼貌地询问："你是某小姐吗？"我点点头。"那里有人在等你。"她用手指向窗边的一张桌子。

一个人正背对着门口静静地坐着。她银白的短发和朴素的藏青色毛织衫在水晶灯下格外醒目，和邻桌客人的华服形成鲜明的对比。

见到这个熟悉的背影，我的瞳孔瞬间放大，整个人愣在原地。直到她回过头温柔地向我朝手，我才回过神。真的是我的奶奶。

我脑袋里有无数疑问，迫不及待地问了起来："您是怎么来的？来看我吗？您身体怎么样？"奶奶笑呵呵地看着我，还是那张饱经风霜的脸，眼光中依然充满慈爱。她像从前一样捧着我的手说："我想我的孙女了，所以来看看你。你长大了，也长高了。"奶奶怎么会出现在这个时空里？她悄悄告诉我，她那里真的有座天堂电梯。

她递给我菜单，让我别再多问。浏览到菜品昂贵的价格，我点菜的速度有些迟缓。奶奶看出我的心思，说：“好不容易见到你，你想吃什么就点什么。”她以前对我就是这样的宠爱——会帮我擦掉嘴边的饭粒，在妈妈“凶”我的时候挡在我身前，在风雨里把我呵护在身后。小时候的记忆涌上心头，我的眼睛有些发酸，抹起了眼泪。奶奶笑话我还和从前一样，爱哭鼻子。她用那双布满厚茧的手为我擦去眼泪，脸被刮得有点疼，我却感受到一份真实的亲情。

菜上桌，奶奶开始抱怨，这么高级的大饭店连糖醋排骨都没有。那是我从小到大最爱的一道菜，她一直都记得。在西餐厅怎么会做出糖醋排骨呢，我安慰她说，不要紧。

我们聊到她的“生活”，奶奶说她每天和朋友们打太极拳，聊最爱的养生话题。说到这，她特意叮嘱我：“你每天一定要保持九小时睡眠时间，学习别太累……”话没说完，一双大手突然把我拎起。奶奶慌忙起身想要拉住我，身体却变得越发明亮，直至成为一个光点。

“丁零零……”六点钟的闹铃响起，我的梦醒了。

无限的爱会被时间阻隔，人总会离开，但世上的亲人仍会把你记在心里。奶奶，我们说好了，下次还要一起共进晚餐。

点评

我在想，很多孩子心里都有这样的梦吧？梦里的爷爷、奶奶、姥姥、姥爷不会被病痛折磨，永远都是爱的模样。谨以此文，献给所有活在儿孙们心里的长辈！从作文角度，本文与奶奶在西餐厅这样“不可能”的地方相见，用永远点不到的糖醋排骨来预示了这场相遇是无法实现的梦境，思之令人心痛，笔法让人赞赏。

与法布尔共进晚餐

2022届14班　刘讯泽

夜晚是动物们的舞台，鸟儿、青蛙与蚱蜢组成的交响乐队，在洒满月光的池塘边热情地彻夜演奏着。一位老人坐在民俗餐厅的窗边，静静地欣赏着其中的韵律。

“对不起，我来晚了！”我气喘吁吁地打开了门，奔向了老人坐的桌旁。“不，是我来得太早了，现在刚到约定的时间。”老人的声音坚毅又温柔，这是只有长期户外运动才会有的嗓音，“我记得你说会为我准备很特殊的美食？”“是的，是的。”我连忙答道，“这些食物，您既陌生又熟悉。”

苦练了一个月的法语，恶补了许多知识，我终于鼓起了勇气，邀请我心目中的大科学家——法布尔共进晚餐。

第一道开胃菜，是一盘像虾一样的食物，但比起虾来，它的颜色更深，接近棕色。老人家一眼看出了真相：“这是……若蝉？”“没错。您在书中写道，您曾经做过一道炒蝉，但味道并不好。相比于古西方人的做法，中国人更倾向于将其炸至干脆，请您品尝。”法布尔拿起叉子，略微费力地插破甲壳，送到了嘴中：“嗯……味道的确好多了！它让我想起了之前在捕蝉时，我花了多大力气才将它们从树上拔下来。”他又插起了一只，开始观察起来，“看啊，这些若蝉马上就要脱皮了。农民们竟然能恰好在若蝉出土的短短几天内就捕捉到如此多的若蝉，真是厉害。你看，要是蝉成功脱皮，这一个小点便会变为翅，这下面便是它们用来发声的‘音响’。虽然它们的歌声并不难听，但在我工作时，那声音就是一种折磨……”这位善谈的老人说了很多，我也记下了很多。

接下来的正餐都是正常的美食，有法式的海鲜，也有中式的炖菜。

最后，在休息时，一个盘子被送了上来。那里面什么都没有，只有一只瓢虫，我打算问出那个困扰了我很久的问题："法布尔先生，您……对达尔文先生有什么看法？"

慈祥的老人顿了一下，思考了很久。最后，他抬起头说道："达尔文是一位很有智慧的人。我和他谈过很多，但他的理论有些过于激进，如同这只精美的瓢虫。我无法想象在岁月长河之中，能有那么多的生物像他说的那样，赢下自然选择的赌局，并逐渐拥有翅、眼睛这般精密的仪器。只有更强大的力量，才能创造出如此美丽的世界。"

"那如果真的有着更强大的规律，使得自然选择能够实现呢？"我问道。他又停了下来，这次时间更久。他最终说道："你说得很有道理，谢谢你给我的启示。"

属于夜晚的奏鸣队还在继续，现在听，有一种天籁之美。但我知道了，自然无论如何创造出来，它都是美的。

点评

这篇文章将浪漫的想象与科学的严谨恰到好处地融为一体，既表现出小作者对法布尔、达尔文不同观点的思考，又表达出他对自然和科学的敬畏喜爱。法布尔的语言描写最为有趣，小作者使用了较为"欧化"的语言结构，几乎"以假乱真"。

结语

三十年前，我是北大附中初中某班的语文课代表。莫名的多愁善感，驱使我把充满乐趣和惊险的夏令营生活写成了一篇辞藻华丽、思绪翻滚的作文。待老师批改完的时候，我去抱作业本，老师看了我一眼说："写作文要好好说话，挺欢乐的一姑娘……"我翻开本一看，四个字的评语烙在了我心里——"无病呻吟！"从那以后，我的作文再也没有"矫情"过。

十五年前，我是北大附中初中语文老师，同时要完成我的"教师专业发展"方向的硕士论文。写来写去，我总在重复着导师文章里的话，直到被导师"骂"哭。老爷子严厉地问我："学了三年，你觉得教育最重要的是什么？"我脱口而出："如其所是。"老师的语气缓下来："对啊！写你自己想说的话。"从那以后，我会尊重每个孩子的每次作文，只要不是网上抄的或者照搬范文。

还是十五年前，我的硕士论文得了优秀。北大附中副校长、数学特级教师张思明老师在跟我谈工作的时候，提醒我说："你不能只做一个普普通通的语文老师。作为附中人，你要有更高的追求、更多的探索。我觉得，写作是语文教学中的难题，你试着解解看……"从那以后，我一直在解着这道题。

六个月前，我开始写这本书，想把这些年来和孩子们的共同成长梳理一下。写作的过程，既在不断修改中有了清晰的思路和更多的收获，也让我又一次体会到让他人理解自己的表达是一件挺难的事情。编辑老师一直在提醒我："不要觉得读者是你的学生，默认他们懂你……"从那以后，我努力地表达清楚我的想法和做法。

在我看来，语言的稚嫩和结构的简单，都不是作文中最棘手的问题。对于孩子来说，能够具备观察生活、体验经历、感悟道理的热情和敏感；能够在校园生活中不断成长，鲜活而丰盈地展现自我；能够在直接或间接地与大自然的接触中，获得思考和能量；能够提升对他人、社会、家国的关注度和责任感；能够乐于以写作的方式挑战语文学习中的"难点"……归结起来，能够在写作中不断成为更好的自己，可能是最重要的一件事了。

对，这一本书，都是一件事。

要做好这件事，挺难的。

三年又三年，每届孩子都不一样，每个孩子都不一样。我伴着一拨又一拨的孩子，从少年长成青年——初中三年对他们的成长太重要了。

重要到我希望能让每个遇到我的孩子，生活得更有趣、成长得更快乐。

重要到我希望能让每个跟我学作文的孩子，真实地表达自我，勇敢地面对生活。

重要到我希望能让每个看到这本书的孩子，从写作开始，发现生活的美好，看到自己的独特。

重要到我希望能让每位看到这本书的大人，能回想起自己的少年时光，理解眼前少年的生活，和他们一起，爱上作文。

毕业生的话

人们常说："念念不忘，必有回响。"在本书的写作过程中，我无数次想起和"我的那些花儿"一起经历的各种往事。我的孩子们在四面八方各自追求梦想；不知道他们的心里，可否还记得我的模样。其实，从小就想当老师的我，一直有个小小的愿望——愿每个遇到我的孩子，能够对语文、对生活多一些热爱。但我很少打扰他们，只是远远地在原地观望。

漆老师在序言中给了我一个非常好的建议："史老师可否对已经毕业甚至参加工作的老学生们发个召回令，结合他们后来的学习、工作与生活，谈谈当年作文课所起的直接或间接的作用——成功的经验，乃至些微的教训，当年栽了什么树，如今结了什么果。"

于是在国庆假期，我向一些不同年级、不同职业的孩子发出了邀请，感谢他们在百忙中，如同当年写随笔时一样认真及时地完成了任务。

读着他们的文字，我又一次想到了关于教育的那句颇有诗意的名言：

教育的本质意味着，一棵树摇动另一棵树，一朵云推动另一朵云，一个灵魂唤醒另一个灵魂。

这世上没有两棵相同的树，也没有两朵一样的云。而在我看来，每个孩子都是万里挑一的。无论是文笔出色、思路奇妙的文学天才，还是敏锐思维、亲师信道的阳光少年，我的学生们似乎具有共同的特质——热爱生活、真实自在。无论是开朗外向的，还是深沉内敛的；他们都一直如其所是地生活着、成长着——看得到自己，写得出生活。

下面的几篇文章，让我看到当年的写作课在孩子心里种下了热爱生活的种子。这些种子生根发芽、茁壮长大，看似各不相同，却又有鲜明的共性。这让我觉得，作为一名教师，我践行了教育的本质。

我又想到刚刚过去的教师节，现在的学生送给我的一句话——

有人说，有趣的灵魂万里挑一；我说，祝万里挑一的史老师节日快乐！

从心出发

2006届　虞丰圆

二十年前，我是史老师的语文课代表。我从小爱好文学和写作，上学以后最期待的课也是语文课。读语文课本当然没有自己挑书读来得随心所欲，写作文也都是命题作文，很难畅所欲言。可是，史老师的语文课却依然是我上初中时最喜欢的课。

史老师讲课文绝非照本宣科，而是循循善诱，带着我们发现课文中字里行间的深意，引导我们学习写作手法和遣词造句。这些知识最终被我内化为自己的习惯与风格，融入日后的写作中。众所周知，命题作文是“戴着镣铐跳舞”。既要符合命题、遵循既有的规则，又要写出高度和新意。刚开始写命题作文的我，着实也是费了不少脑筋。

但史老师了解我的兴趣爱好，不强迫我按照条条框框去写作，容许我从兴趣出发，把自己真正想讲的东西抒发出来。记得当时的我非常喜欢编故事、写小说，于是我就把一些脑海中设想的情节，“包装”成自己的经历，写进作文里。作文里的故事也许是虚构，但因为是写自己所想，所以感情是真实的，文笔是饱含情感的，我的命题作文之路因而越走越顺畅。

二十年后，我已经身在大洋彼岸攻读文学博士，写作早已成了我的日常工作。哪怕使用的语言不同，风格和手法也已经大相径庭，但是“从心出发、写自己所想”已经成了我的写作哲学。谁说写博士论文的基础，不是由写初中命题作文打下的呢？

写作是透光的出口

2012届　张瑞君

应邀于十一长假结束时动笔，首先要祝贺史老师出书！已经迫不及待想要拜读。工作之后，动笔的机会不多，能肆意表达的场合更少，但对我来说，写作始终像黑漆漆的密封箱里冷不丁透出来的一束光，是情绪的出口，是珍贵瞬间的文字定格，是忙碌生活里的解药。

初中的某一个阶段，我极其喜欢模仿“大作家”的文风，今天是张晓风，明天是伍尔夫。好像躲在大作家的盔甲后面，自己就可以不费吹灰之力，成为一个“会写作的人”。直到史老师将我叫到办公室，很认真地告诉我，你落下的每一个字都应该是百分之百的自我，不必成为“大作家”，成为自己人生的执笔人就很好。我那个时候懵懵懂懂地听从了史老师的建议，但似乎到很多很多年以后，我才理解这个建议的可贵。

“能做自己，能保持自我”是漫漫人生中永恒的难题。我们或虚荣、或迷茫、或无可奈何，难免在一次次选择中投出违心的一票，难免在一场场内心伤痛的暴雨中摆摆手说没事。每当这时，写作就成了我最好的朋友，我落下的每一个字都属于自己，我的悲伤有迹可循，我的快乐也不怕外露，它可以精心地被缝进纸张，透过墨水永远闪烁。

如果你看到这篇文字的时候，还是在上学的幸运儿，那么请你在任何时刻都不要放弃纸笔。你真的不用多像“大作家”，不用能言善辩、落笔生花。你只需要把写作看成一位闺中密友，它会在你某个言不由衷的时刻，帮你给黑漆漆的密封箱划开一道口子，让你伴随着那道光亮去释怀、成长。

一些感言

2015届　王峥

写作文难，开头难、行文又难，收尾更难。坦白说，这应该是我从小到大写过的最费劲的一篇作文。写作时的我简直由衷嫉妒白云大妈写《月子2》时那七天憋出六个字的“火箭速度”。史老师只教过我短短一年，还是一切都匆匆忙忙的初三，这令八年后的我甚至都记不起多少史老师当年课上教过的内容了。但史老师的人格魅力是强大的，她一贯教导学生做人要诚实，所以我决定不去编造，也没找老师要来书稿对照着写点场面话，而是忠实地记录我当下因遗忘造成的窘迫，希望本文至少不要和史老师的书南辕北辙。

某种程度上来讲，本文的“如实直书”也算是对当年写作训练的精神继承，因为说起写作时，我印象最深的就是史老师每周布置的随笔作业了。我的随笔通常是记录自己生活的记叙文，这一点始终被史老师所认可，于是我便有了一年随心所欲写作的机会，那些随笔，今日看来无疑是宝贵的年少记忆。

但有些令人遗憾的是，义务教育阶段，我所接受的写作训练与我当下最常使用的学术写作风格之间存在着一条鸿沟。说实话，到了大学之后需要对论文写作这门功课从头学起。以史学论文为例，当下流行的论文形式以问题为导向，以史料为基础，论文的写作目的在于解答问题、澄清史实、树立观点。学术写作尤其强调写作者的逻辑，这与我初中时接触的写作训练大相径庭。在日常生活中把握文本的逻辑也十分重要，无论是阅读还是写作，都是如此。由于教育改革的原因，当下的初中语文教育对我来说已经十分陌生，但当我为了写作本文而去搜索近几年中考语文试卷的时候，还是很高兴看到现在的试卷里出现了“如何推进论证”这类题目，这些逻辑训练无疑能让学生受益终生。

当我动笔之前，史老师给我的要求是不用写得过长，但对于闭门造车的我来说，能写的东西实在不多，恐怕要辜负史老师对我的一片期待了。到底还是强调“有一分史料，说一分话”的史学论文好写，让人心里踏实。

需要再次强调的是，我初中毕业已经八九年了，对当下的初中语文教育和史老师的教学理念绝对是门外汉，我的个体经验对今日的读者有无价值，还请读者自行判断。

说起、忆起、写起

2019届　高天贻

说起“写作”，最先蹦出的记忆片段是一篇作文。那是我刚刚踏入初中、参加“探秘附中”活动后写的，记得那篇小小的作文从附中的标志之一——银杏叶的视角写起，记录了穿梭于树叶间、奔跑在落叶上的我们建起友谊的故事。这篇作文被史老师收录在她的公众号里。回想起初中时光，史老师和她的公众号对我当时的写作起到了不小的帮助作用。可谓一石激起千层浪，史老师在我心中激起的浪花，时至今日仍在不断地拍打。

回忆起初中的写作课，有些画面难免已经模糊，于是我顺手点开了史老师的公众号。刹那间记忆如潮水、飞叶般涌来——自己仿佛又站在了铺满金黄色银杏叶的地砖上，银杏果裂开的味道直钻鼻腔，我只得赶忙逃进教学楼，迈上走过千百次的楼梯。

在我篇幅最长的周记结尾，史老师的评语是：读着充满回忆感的文字，我内心充满了羡慕和伤感。不由得怀念姥姥、姥爷健在的日子，怀念那段简单而美好的时光。

看到那些红色的字迹，我清晰地意识到：原来我的长辈们也是有自己的姥姥、姥爷的！他们并非一直是成熟的、教训人的成年人，他们也曾是长辈面前个子矮矮的一个孩童。我不是“成长”概念的唯一载体，实际上所有人，无论是我的同龄人、还是长于我的人，都处于

“成长”的状态里。

史老师对我影响最大的无疑是让我敢写。如果只有老师的鼓励，我会对写每周的随笔产生期待吗？也许会吧！毕竟我是一得到夸奖就高兴的初中生！但现在的我回想起来，想必更有效的是史老师丝丝入扣的工作。“文字是有生命力的”几乎是一条公认的真理，这种生命力是来自文字本身的韵律节奏，还是书写者的思想情感？我想是两者皆有的。如何把两者结合起来？这是很多写作者都在思索的。面对我们这些初中生，史老师所做的是加以启发和引导，让我们在感受到文字韵律的同时，也让我们的情感动起来。常言万事开头难，其实“接力”也难，怎样才能使学生们对写作的兴趣在反反复复的应试作文的“拉练”中不被磨灭，我猜也是老师的教学目的之一。这种兴趣从何而来呢？回到我身上，“写真实的事、写真诚的心”是我当时随笔练习的一个出发点，即使我那时没把这十个字总结出来。

我初中阶段印象最深的是一篇长长的、不算佳作的随笔练习。这篇文章写的只不过是两次吃饭的经历。全篇没有矛盾，也没有波澜，更没有感悟人生道理，最后史老师的红色笔迹在纸上批道：“也许写意识流是初三生活的一点乐趣吧。”“意识流”对当时的我是陌生的词，我琢磨老师可能没看懂我写的是什么，那也确实只是随手写下的一段文字，没有精神内核的支撑。但史老师点出的“乐趣”两字却直指靶心。我一直记着这篇随笔，九成是因为从中获取了些许乐趣，踏出了看不见、摸不着的写作“结界”，发现定式外大有可为，只是我的“法力”不够了，便又缩了回去。如果没有史老师在平时引导我们去多观察、多写实、多鼓励，这篇周记不会被写出来，甚至那段生活也不会被想起。

史老师留过一次《我是一棵____树》的半命题作文，我的标题是《我是一棵榆树》，一棵不知道什么时候开窍的榆树。显然，这是一个“我是谁”的问题，也是在成长过程中会被自己不断追问的问题。关于自我的这一系列追问持续到了我选大学专业的一刻，而我毫不犹豫地选择了汉语言文学作为我未来四年——至少四年的专业。我是否能在学习中文的路上找到答案不是定数，即使如此，我也确信在这条路上落寞和沉闷不会是主旋律。因为从写作课起，一颗小小的种子萌生出了新芽。

受到史老师的启迪，写作、阅读的快乐一直激励、陪伴着我，使我从茫茫人海中抽离出来，走上一条通往只属于我一人的文学小草堂的秘径。我想这就是写作最基本的乐趣，也是我跟史老师学习的最大收获。

写作有无限可能

2019届　吴思萱

回想起来，史老师的写作课是非常随性的。深居在我脑袋里的“小作家”可以在这里自由挥洒，想写什么就写什么，想怎么写就怎么写。我在这里找到了探索自我的空间，也慢慢地认识到构思、写作以及修改可以帮助我了解自己和周围的世界。这或许就是我一直以来都很喜欢写东西的原因吧。

除了给我了解自己的机会，初中的写作课还在很大程度上给了我探索不同事物的勇气，让我愈发确定我未来想要从事与之相关的职业，因为我意识到这是我喜欢的、想做的事情。毕业以后，无论是在高中的创意写作课上，还是为校报写稿的时候，还有现在在大学里学习与新闻、媒体相关的内容，我都会时不时想起初中时面对稿纸灵感迸发的那些时候——在那一瞬间，我意识到我可以在纸上创造无限的可能。

感谢师恩影响长

2019届　周安若

很开心、也很荣幸我的作品能够入选到这个集子当中。距离我初中毕业已经四个年头，回想起曾作为史老师的学生所受的教诲，许多仍记忆犹新。

印象最深的莫过于各式各样的随笔。上初中之前，写作的内容、格式多是固定的，我也不是没有写过所谓优秀的文章，但那种感觉是有些束缚的。史老师的课上，我们各自介绍了自己名字的来历，以同班同学为素材写自命题随笔。从此，我做出了许多大胆的尝试，体裁上既有普通的记叙文，也有小诗，结构上既有按时间的平铺直叙，也有截取性格片段的叙写。我比较在乎生活细节，喜欢也擅长从现实经历中获得灵感。这些尝试有亮点，也有不妥之处，但史老师一直都认真细致地做出点评，毫不吝啬对我的赞许，也毫不避讳地指出我存在的问题。

久而久之，我养成了写随笔的习惯。不论老师是否要求，我都会尝试记录更美好的瞬间。在老师的引导下，写作成了为我与自己沟通的桥梁，它会调和我的心境、抚平我的思绪。当然，过于随性的“施展”也让我在高三写议论文时吃了点儿苦头，却也让我更明白了随笔的“度”应当如何把握。点滴文字之间，包含着对一个人的整体塑造，这一切或许从那个“请录成电子版”的小印章盖下的那一刻就开始了。

又一次被催的随笔

2019届　罗锦易

没想到毕业多年还能被史老师催随笔，感动的同时开始抓耳挠腮地“码字”，发现自己写文的效率比起当年没有一点提升。一边焦急，一边努力回想当年写作文的点点滴滴，结果先想起来的反而全是那些写作文失败的案例。

刚开始在老师的课上写作文的时候，总是觉得自己的生活太平淡，写不出那些精彩有趣的故事，于是常常强设一个惊世骇俗的角度。这是一个慢慢摆脱幼稚的过程，我渐渐明白了不能将自己脑海里的那些奇奇怪怪的想法不假思索、不讲逻辑地灌输给别人。我逐渐领会到：值得写的事物不是自己强行构造出来的，而是在我们的生活中用发现精彩的眼睛观察到的、用心体验到的。

“银杏叶是从边儿开始黄的……”印象里，这是第一次作文课上史老师向我们展示的优秀作文中的句子。老师教会了我们一双会观察自然、观察生活的眼睛，即使是在附中校园内随处可见的银杏树上，也能发现一些趣味。老师在课上让我们写的，往往是那些生活中随处可见的事物、朝夕相处的伙伴——我们曾用大半个学期的时间，写了班里的每一位同学；我们曾在作文课上，先跑到校园里观察半节课，再来写《春天》……老师把写作文作为引子，循循善诱地引导我们观察生活点滴，发现那些寻常事物中隐藏的魅力。

回想我以前在作文选用的素材，写过黄庄路口的交通指挥员，写过班里朝夕相处的亲密伙伴，写过家门口的樱桃花，写过换季时天空中偶然飞过的候鸟。起初为了写文特意找素材的小朋友，现在已经能够留意到身边的人与事物的美好，并懂得享受、珍惜藏在这些美好当中的那份平淡的快乐。

史老师在评价我们的作文时，从来不是看文中有没有华丽的辞藻、精致的修辞，而是看我们的文字背后，是否有用心体会生活的过程。那些出现在课堂上的优秀作文，有的语言朴实甚至幼稚，但写出了生活中的纯粹快乐。我在这些文章中所学到的是，作文并不只是在纸面上对文字进行雕琢，而是先有生活中的充实经历，随后落笔成文。写一件事，应先有自己全身心的投入，那些精彩的描写、言之有物的说理才能够自然而然地在笔下流淌出来。后来写随笔时，能附上图片的我往往附上图片，不是因为“有图有真相”，而是因为我的随笔不再只为完成周末的一项作业而写，它已经成为我用心投入生活、发现其中精彩的一种过程。“用心投入、感受精彩”成了我写作文的主旋律，也成了我生活中为人处世的一条根本逻辑。

因为有了这个过程，我能在高三奋笔疾书的日子里，写出“这不是一笔一桌一通宵的一年黑暗，而是一张一弛一品味的精彩年华”，能坦然地面对学习生活中的那些辛苦和不如意，察觉到生活中的点滴美好，支持着我在现在乃至未来压力渐增的路上笑着走下去。

以前每写完一篇作文，最有成就感的时刻之一便是看自己的文章出现在老师的公众号上。现在再看老师的公众号，仿佛一本无比珍贵的回忆录，看到的是自己和同学们一路成长的历程。愿学弟学妹们在老师的课上能够用心思考，在写文章的过程中感受生活中的寻常乐趣，收获属于自己的成长，也期待在书中和公众号中看到更多学弟学妹们的佳作！

写自己想写的

2019届　张新月

我还记得初中随笔本的封面：一片浅蓝的珊瑚海，一只眼神懵懂的小梅花鹿。随笔本包着塑胶书衣，课间时我们互相传阅彼此的“新作”，我打开它，品读某本巨著般专注——从侧边看，写过的纸页已经泛黄。初中时我常常目测着它的厚度，估计何时能写完一本。

小学时，老师告诉我们写作文贵在真实。我写的第一篇作文是《洗碗》。我怀着百分之二百的真诚与热忱，不遗巨细地描述了从我在水槽里拣起碗到把餐具收回碗橱的全过程。自然，那是一篇“流水账”，老师只给了我两个字：重写。痛定思痛，我又写了《难忘的一天》，记述出海去看鲸鱼的经历，然而那次我们没看到鲸鱼，只看到了乏善可陈的海面。老师委婉地说：记叙文要有一点戏剧性。

我开始理解，写作文贵在真实，真实是老师的，不是我的，不能越过她所想象的“童言无忌”。

初中时，史老师成了我的语文老师：圆脸、爱笑，有时比我们还口无遮拦。她喜欢布置随笔，不限题材，我终于不必再强行构造最难忘、最感动的人和事。想来极怪，对着随笔本，我好像也渐渐“口无遮拦”起来：洋洋洒洒写四五页，只为对食堂饭菜品头论足；为论述同学和仙人球的相似性，配图为证；不堪青春期感伤情绪侵扰，写几篇伤春悲秋的人物小传“借汉喻唐”。

史老师从不评判我们的选材，也从未大笔一挥删繁就简。她只勾下几只红圈，点出几个别字，在结尾留下堪比论坛网友留言般活泼的点评：“哈哈，其实没太看懂。”“结尾署名‘亮’了。”她拥抱每一种可能，尊重每一种想法。写随笔时，我感觉自己离学生习作很远，离“创作”很近。我不是外向的人，课间绝少和史老师谈天，但每周拿到随笔本，必然翻至最新一页，读她的评语——有人用心去读，去共鸣，去回应，对写作者来说，不可谓不是荣幸与慰藉了。

到现在还记得史老师在半命题作文《我是一棵____树》下的点评，说她知道我有大梦想。其实我只是想写作，想写得更好。现在想来，这细小的憧憬，也始于那本浅蓝的随笔本和她的点评——写自己想写的，而非整饬辞藻，揣度旁人眼中的真实。